La poésie française

Pourquoi ce livre sur *La poésie française* ?

Bien qu'elle exige patience et travail, la poésie nous semble toujours découler, comme naturellement, de l'émotion vécue et du désir de la partager. Or, on ne peut pas s'en tenir à cette simple approche affective – sauf à rester silencieux et béat. Car un texte peut nous étonner ou nous émerveiller, au point d'entrer dans notre mémoire, mais on aimerait comprendre pourquoi et comment.

On croit à tort que le poète est simplement un inspiré, qui écrit au fil de la plume. Quand on examine les formes et les thèmes de la poésie, on se rend compte qu'elle obéit à des règles (notamment métriques et phoniques) mais aussi qu'elle retrouve des leitmotive éternels, qu'on peut identifier et classer. Ces sujets parlent tous de l'aventure humaine : aimer, souffrir, espérer, se souvenir, croire, fraterniser, etc. La poésie nous dit la vérité. Elle touche au cœur de tout ce qui nous est essentiel.

Il convient donc de montrer que la poésie est un genre qui a des règles et une histoire. Les poètes se connaissent, se citent, s'imitent. Ils rivalisent à travers le temps. Pour comprendre les grands auteurs du XVIe siècle, il faut avoir une idée de ce qu'il y eut avant eux, puisqu'ils s'en réclament. Pour saisir la force de notre siècle le plus fertile en poésie, le XIXe siècle, il faut y retrouver la trace de la Renaissance, du Moyen Âge, des Anciens… Pour analyser les ruptures modernes, il faut identifier les repoussoirs ou les récupérations. Bref, la poésie française est une grande famille pleine de connivences et de combats.

C'est pourquoi j'ai identifié les grands auteurs, les phares, les « classiques », ceux que tout le monde connaît peu ou prou et dont chacun pourrait citer quelques vers. Ils sont notre patrimoine. Nous nous y référons sans cesse, parfois sans y prêter attention. J'ai rappelé qui ils furent, et ce qu'ils nous ont légué. Des citations de vers célèbres et une bibliographie inviteront le lecteur à replonger par lui-même dans les beaux textes.

Ce livre s'adresse donc à l'amateur pressé qui veut retrouver un panorama rapide et complet de notre histoire littéraire. Mais il sera utile aussi aux étudiants qui ont besoin de comprendre les propriétés et la diversité d'une forme littéraire majeure. Enfin, il stimulera notre mémoire qui a toujours gardé le souvenir de quelque beau vers, pour donner envie de renouer avec nos meilleurs textes.

Xavier Darcos

XAVIER DARCOS

La poésie française

EYROLLES

Groupe Eyrolles
61, bd Saint-Germain
75240 Paris Cedex 05

www.editions-eyrolles.com

© Groupe Eyrolles, 2013
ISBN : 978-2-212-55533-2

Introduction

Un genre qui a son histoire

Jusqu'à la fin du XIXe siècle, le grand public (même si cette notion n'avait pas le même sens qu'aujourd'hui) se passionnait pour la poésie. Les grandes dates de l'histoire littéraire et des « best-sellers » étaient des recueils de poèmes, avant que le roman ne prenne le dessus et n'envahisse tout. Les meilleurs tirages actuels sont obtenus par des livres à usage scolaire (Baudelaire, Rimbaud, Apollinaire) ou par des auteurs qui ont intéressé la chanson (Prévert, Éluard). Pour la création actuelle, c'est dans des revues que la poésie trouve désormais refuge. Même des auteurs d'abord mal compris ou peu fréquentés ont fini par gagner un auditoire immense. La poésie française est un grand corps vivant qui évolue de façon continue et cohérente, avec des filiations et des révoltes. La plupart des théoriciens distinguent trois grands stades : a) la période classique où la poésie s'apparente à la rhétorique, à l'ornementation du discours ; b) la période romantique où la poésie se présente comme un langage supérieur qui permet d'atteindre ou de traduire ce que la prose rationnelle est inapte à exprimer ; c) la période moderne où le poète manipule les signes et joue sur le signifiant, le sens restant à déduire par le lecteur. Ces facettes ne sont pas si tranchées et elles se mêlent souvent. Revenons donc à une progression linéaire. On peut en repérer les grandes étapes que nous retraçons ici.

Au Moyen Âge, une éruption

Dès la fin du XIe siècle, le surgissement semble subit et massif. Tandis que les deux Églises d'Orient et d'Occident se séparent, que l'idéologie de la croisade mûrit, que saint Bruno fonde la Grande-Chartreuse (1085), on voit naître l'épopée (notamment *La Chanson de Roland*), transmise oralement et mémorisée grâce à ses formules stéréotypées. Puis, au XIIe siècle, la féodalité laisse la place à la courtoisie : c'est le temps des lais de Marie de France et des premiers troubadours, comme Guillaume d'Aquitaine et Jaufré Rudel. Les troubadours d'Occitanie chantent l'amour « *loing* » et les tourments courtois, tels le Limousin Bernard de Ventadour ou le Périgourdin Bertran de Born, avant que le pays d'oïl à son tour donne naissance aux « chansons de toile », aux « chansons de femme », aux pastourelles, puis aux premiers textes parodiques (sotties, fatrasies). C'est le *Roman de la Rose* (vers 1235), sorte d'art d'aimer moderne, qui marque l'apogée des thèmes poétiques médiévaux. Entretemps, la légende de *Tristan et Iseult* commence à être connue, se répandant dès le début du XIIIᵉ siècle, annonçant la poésie de l'amour impossible, celle de Rutebeuf, par exemple, travaillé par le mal de vivre et par l'amertume, plus que par l'idéalisme chevaleresque. Dans cette lignée, une poésie personnelle se développe ensuite à partir du début du XIVᵉ siècle. Le poète s'avoue et s'épanche : Christine de Pisan, Eustache Deschamps, Guillaume de Machaut. Ainsi se prépare l'extension généralisée du lyrisme de la fin du Moyen Âge : celui du dolent Charles d'Orléans, du grand François Villon, puis des « grands rhétoriqueurs [1] », virtuoses abondants.

La Renaissance : réhabilitation et inventivité

L'esprit nouveau de la Renaissance est régénérateur en tous domaines : les grandes découvertes font basculer les perspectives ; les guerres d'Italie éblouissent les Français et leur ouvrent des beautés formelles dont ils n'avaient pas idée ; la langue française se forge, s'enrichit et se généralise ; les idées religieuses évoluent et se réforment ; les moyens objectifs de vulgarisation intellectuelle prennent leur essor, en particulier le livre imprimé ; on redécouvre les trésors des Anciens, notamment grâce au repli des artistes et des intellectuels de Constantinople vers Venise. En poésie ce souffle nouveau se manifeste d'abord par une sorte d'appétit ludique : Marot se veut avant tout « naturel », drôle et brillant, comme les « blasonneurs » qui s'étourdissent de virtuosité.

---

1. Le terme de grands rhétoriqueurs (ou grands rhéteurs) a été inventé tardivement pour désigner des poètes de langue française de la fin du XIVᵉ siècle. Leur nom vient de la « seconde rhétorique », qui codifie alors la poésie. Ils ne forment pas une école, mais ils ont adopté des principes d'écriture comparables. Innovateurs et virtuoses, ils développent les métaphores, multiplient les jeux poétiques (acrostiches, palindromes, rimes équivoquées, fatras, coq-à-l'âne…). Ces travaux permettent d'explorer les potentialités de la langue française à un moment où elle se stabilise.

Mais ces jeux ne sont que surface. La religion du Livre et la redécouverte du platonisme entraînent aussi un véritable éveil spirituel, comme on le perçoit avec Marguerite de Navarre et son entourage – dont Marot faisait partie. Ainsi est préparée l'explosion poétique du milieu du siècle, dans les mois qui suivent la mort de François Ier en 1547. Elle va briller partout et rebondir jusqu'au-delà de 1600 : l'école lyonnaise autour du raffiné et secret Maurice Scève, inspirateur de Pernette Du Guillet, et la sensuelle Louise Labé ; la Pléiade, surtout, et sa fertilité extraordinaire (Ronsard, Du Bellay, Pontus de Tyard, Baïf, Peletier, Belleau, Jodelle) ; le subtil et trop méconnu Desportes. Cet entrain est parfois gaillard, comme on le voit chez quelques désabusés ou dévergondés, tel Marc Papillon de Lasphrise, ou dans les poésies érotiques de Belleau et Jodelle. Puis, sans que la vitalité se relâche, le climat se fait plus sombre avec les guerres de Religion, après 1560. Les poètes font le bilan d'un temps cruel et d'espérances édéniques déçues. Cette noirceur est perceptible chez les écrivains devenus, bon gré mal gré, des « engagés » : le climat change dans les dernières œuvres de Ronsard, ou avec les *Tragiques* de d'Aubigné. Les premiers poèmes que l'on dira « baroques » paraissent, souvent anxieux, parfois macabres, tels les derniers textes de Pontus de Tyard ou les superbes sonnets de Sponde ou même de La Boétie, auxquels répondent en écho les impitoyables tragédies humanistes, telles celles de Robert Garnier[1].

Prémices de l'âge classique : transgressions et régulation

Le début du XVIIe siècle semble d'emblée marqué par cette dualité. La production littéraire est tiraillée entre deux tendances. D'une part, on perçoit la poursuite de l'outrance composite ou, du moins, de l'imaginaire baroque (avec des auteurs comme Maynard, Régnier, Racan, Théophile de Viau ou Saint-Amand), parfois avec une forme de pathos suranné (Motin, Chassignet, La Ceppède), mais souvent aussi avec brio (Pierre de Marbeuf, Claude Malleville, Charles de Vion Dalibray). D'autre part, se dessine très vite une volonté de décanter le genre poétique, en évitant la confusion, en régulant les formes et en purifiant la langue (Malherbe), même si les thèmes retenus visent souvent, encore,

---

1. Garnier (1545-1590) s'inspire de la tragédie antique. Son théâtre est fortement marqué par la rhétorique. L'action y importe moins que la parole, où alternent raisonnements argumentatifs et lamentations lyriques.

au sensationnel et au fantastique, surtout chez Maynard et Racan, qui chantent volontiers les ruines, les solitudes et la nature sauvage. Ce sont aussi des raisons politiques, et pas seulement des querelles esthétiques, qui vont conduire peu à peu à installer la prédominance du classicisme. Car les « baroques » sont supposés plus proches des libertins et des frondeurs, comme le prouvent les « mazarinades » et des textes affranchis venus d'insoumis comme Tristan L'Hermite ou Théophile de Viau – qui finira par le payer cher, après un procès très révélateur[1]. Toutefois, les courants post-baroques restent vivaces jusqu'au milieu du siècle. C'est de cette source que découlent la féconde préciosité (illustrée par Vincent Voiture ou par Madeleine de Scudéry) et divers genres comme le « burlesque », avec ses poèmes parodiques, tels ceux de Scarron. Corneille incarne aussi cet « entre-deux », et les *Pensées* de Pascal tout autant, pour ce qui est de la forme comme du sujet.

Le règne de Louis XIV : normalisation apparente

Mais, après 1660, la littérature est domestiquée. Les codifications se sont mises en place, dès la fin de la première moitié du siècle, sous l'aimable férule de théoriciens comme Vaugelas ou d'Aubignac. Tout le monde écrit en vers : les dramaturges (Molière et surtout Racine, vrai grand poète lyrique), les moralistes, les fabulistes et les « mondains », comme on disait alors, tel La Fontaine, les théoriciens (Boileau et son *Art poétique*). Mais il n'y a plus de poésie vraiment personnelle, l'exhibition du moi et l'originalité marquée étant, selon l'idéal classique, réputées indécentes. L'évolution vers plus d'épanchements viendra sous la pression des idées nouvelles, notamment à l'occasion de ce que l'on appelle la « querelle des Anciens et des Modernes ». Une forme de sensibilité lyrique se maintient dans des « poésies en prose » avant l'heure, comme les brûlantes *Lettres portugaises* attribuées à Guilleragues[2], ou dans de belles pages de Fénelon, quasi inventeur de la prose poétique.

---

1. Théophile de Viau (1590-1626) fut banni en 1619 après un procès retentissant. On lui reprochait ses poèmes obscènes, ses mœurs homosexuelles et son esprit irréligieux.
2. Guilleragues (1628-1685), diplomate (il fut longtemps ambassadeur du roi à Constantinople), publia en 1669 ces *Lettres portugaises* en les présentant comme la traduction de cinq lettres authentiques d'une religieuse portugaise à un officier français. On crut même pouvoir identifier les deux personnages. Mais il est désormais bien établi que cette œuvre est une invention de Guilleragues.

Les Lumières et les contre-courants dits « sensibles »

Le renouveau est lent. L'essor des idées nouvelles, lorsque commence le Siècle des lumières, favorise une littérature d'idées et une prose de raisonneurs. Les finesses poétiques se réfugient surtout dans les dialogues subtils et ductiles de Marivaux, même si les grands auteurs restent de brillants versificateurs, tel Voltaire. Les discussions vont bon train, portant sur la sensibilité créatrice ou sur les fondements esthétiques. Perceptibles très tôt dans le siècle, elles finissent par prendre un tour intense dans les « cafés » et les « salons », comme lors de la « querelle des Bouffons[1] ». Dans le même temps, les Encyclopédistes, autour de Diderot, dissertent sur l'émotion comme source du génie, tandis que les débuts du rousseauisme excitent en vain la verve ironique de Voltaire. Le retour au lyrisme est entretenu aussi par le développement du genre épistolaire, les « lettres féminines », surtout, et les romans par lettres. Le retour au sentiment est prêt à émerger partout : dès 1750, on connaît et on aime en France les recueils préromantiques anglais ; et le « best-seller » du siècle est *La Nouvelle Héloïse* de Rousseau (paru en 1761), roman par lettres, histoire d'amour absolu et vrai poème en prose. Après 1770, quand commence en Allemagne le *Sturm und Drang*[2] et que paraît le *Werther* de Goethe (en 1774), les recueils de poésie redeviennent plus substantiels, plus féconds, mieux diffusés. C'est le temps de Chénier, dont l'œuvre ne sera publiée pourtant qu'après 1815. Un climat de rêveries utopiques favorise une littérature de la fuite, incarnée surtout par Bernardin de Saint-Pierre qui connut une vogue que l'on peut à peine imaginer aujourd'hui. Cet engouement rejoint des thématiques insulaires et langoureuses des poètes du moment, un peu oubliés aujourd'hui, comme Nicolas Léonard, Antoine de Bertin, Évariste de Parny, Saint-Lambert ou Jacques Delille. Ces auteurs furent très lus et leur succès populaire fut tel qu'ils seront pillés ou plagiés par les premiers grands romantiques du XIXe siècle, notamment Lamartine.

---

1. La querelle des Bouffons (ou guerre des Coins) est une controverse parisienne qui a opposé au cours des années 1752-1754 les défenseurs de la musique française, groupés derrière Jean-Philippe Rameau (*coin du roi*), et les partisans d'une ouverture vers d'autres horizons musicaux, animés par Jean-Jacques Rousseau (*coin de la reine*), partisans d'italianiser et de moderniser l'opéra français.
2. Cf. note 3, p. 150.

Le romantisme* : grand brassage européen

Dès l'orée du XIXe siècle, l'extension des thématiques anglo-saxonnes – notamment par le truchement de l'ancienne élite française émigrée – va entraîner la généralisation en Europe des idées du romantisme. C'est ce que formule Mme de Staël dans son *De l'Allemagne*. On voit paraître partout des recueils ressassant les thèmes prédominants d'une telle doctrine : le destin ; la solitude de la créature ; les passions impossibles ; l'appel des ailleurs ; le désir de grandeur ou de gloire. L'accélération de l'Histoire, très ressentie au cours des années 1789-1815, s'y prête. Le cosmopolitisme naissant renforce l'impression que l'individu est noyé dans l'immensité des masses et du monde, comme l'atteste la peinture de l'époque, notamment celle du romantisme allemand montrant des paysages immenses au sein desquels l'homme semble à la fois écrasé et admiratif. En revanche, renaît une apologie du sentiment, du « moi » face à ce poids de l'Histoire. C'est ainsi que se dessine un regain métaphysique, grâce à Xavier de Maistre, à Charles Sénancour, à Benjamin Constant et surtout à l'immense Chateaubriand, avec son *Génie du christianisme*, publié en 1802, texte fondateur du nouveau siècle. Les poètes cherchent donc, entre 1820 et 1840, des formes qui puissent exprimer de telles thématiques, en choisissant la confidence et l'intimité : l'élégie musicale (Lamartine), l'intimisme (Marceline Desbordes-Valmore), l'aveu amer ou complaisant (Musset), l'ode morale et visionnaire (Vigny), la mise en scène de soi et de la destinée humaine sous toutes ses formes (Hugo). On multiplie les déclarations, les préfaces fracassantes et les théories. Les poètes s'exposent et se croient missionnaires, « rêveurs sacrés [2] » ou prophètes, y compris politiques.

La croisée des chemins, au milieu du siècle

Après cette effervescence féconde, à partir de 1850, deux tendances parallèles se dessinent. D'un côté, des romantiques mineurs jettent leurs derniers feux, comme le chimérique Gérard de Nerval (on parlait alors de « romantisme frénétique ») et comme Petrus Borel ou Aloysus Bertrand. De l'autre se manifeste une réaction durable de poètes plus

---

* Les noms suivis d'un astérisque sont expliqués dans le glossaire en annexe.
2. Victor Hugo, « Les rayons et les ombres » : « Peuples ! Écoutez le poète ! / Écoutez le rêveur sacré ! / Dans votre nuit, sans lui complète, / Lui seul a le front éclairé ».

plasticiens, lassés des exhibitions du moi : l'« art pour l'art* » de Gautier ; l'« art pur » de Leconte de Lisle ; le nouvel art poétique des Parnassiens, tels Catulle Mendès ou Théodore de Banville. Ces vues plus modestes s'accompagnent aussi d'un certain moralisme bourgeois. La poésie peut se faire louange du quotidien : elle célèbre des joies simples et domestiques, comme chez Sully Prudhomme ou François Coppée. Elle peut aussi ciseler des tableaux historiques et/ou édifiants, comme le fait l'érudit José-Maria de Heredia. Mais c'est Baudelaire, entre 1855 et 1861, avec un génie visionnaire et combinatoire, qui va assurer la synthèse de ces deux exigences ou de ces deux tendances, avant que ne se diffuse la nébuleuse des « symbolismes » autour de Verlaine notamment, en une période fertile. Après 1870, le symbolisme* se tourne en révolte énigmatique (Rimbaud), voire grandiloquente et provocatrice (Lautréamont), parfois un peu dérisoire (Germain Nouveau). Mais ces excès engendrent aussi une sophistication (que l'on pense à Mallarmé) ou un sentiment d'usure. Certains y pressentent un temps de « décadence », comme le dit Jules Laforgue. Les formes en sont diverses : la nostalgie des beautés antiques et méditerranéennes (Jean Moréas ou Charles Maurras) ; l'ironie grinçante (Charles Cros ou Tristan Corbière) ; le sens de la dérision et l'insolence (Laforgue, Jarry)… Autant de postures amères et de textes acides qui annoncent les courants nouveaux de la modernité.

Les débuts du XXe siècle : le grand bric-à-brac

Le XXe siècle est d'abord marqué par quelques survivances : les derniers éclats d'un symbolisme sophistiqué, voire suranné (Stuart Merrill, Henri de Régnier, Anna de Noailles) et un « post-décadentisme », avec quelques amateurs de bizarreries pseudo-métaphysiques, tel Saint-Pol-Roux. Mais l'impression dominante est celle d'un souffle de liberté et d'humour, faisant le lien entre un Laforgue et un Cocteau, tels les « fantaisistes » (comme Paul-Jean Toulet) ou les « naturistes », tels Francis Carco, Paul Fort et surtout Francis Jammes, qui fut très admiré et influent jusqu'en 1930. Toutefois, les événements tournent vite au tragique. La Grande Guerre provoque deux types de réactions. S'éveille, évidemment, une poésie patriotique et sociale, celle de Péguy surtout. Ces grands sentiments fédèrent aussi les tenants de l'« unanimisme* » autour de Jules Romains et de ses disciples de « l'abbaye de Créteil » (Georges Duhamel, Charles Vitrac, Georges Chennevière,

René Arcos). Ces poètes sont en contact avec l'école belge du moment : Émile Verhaeren, Maurice Maeterlinck, Van Lerberghe, Max Elskamp. Mais il émerge par ailleurs, en contraste, une tentation anarchiste forte, à commencer par celle de Tristan Tzara et du dadaïsme. Les deux tendances peuvent cohabiter en un même homme, comme le prouve l'éclectique Apollinaire. Globalement prédomine surtout un goût du neuf à tout prix, que l'on nomme « Esprit nouveau » ou « futurisme », et d'où va surgir, dès 1920, le surréalisme (Breton, Desnos, Soupault, Max Jacob, Francis Picabia). Ce groupe exercera son influence au moins jusqu'aux années 1950. Ce désir de nouveauté, propre au tout début du siècle, conduit aussi à « bourlinguer », à inventer des lieux, voire une langue propre, à exprimer d'autres cultures : Valery Larbaud ; Victor Segalen ; Blaise Cendrars ; puis Michaux, encore.

Retours au laboratoire

Face à cette fièvre des années 1900-1930, des résistances sont perceptibles, notamment celle de Valéry, qui retrouve la tradition de l'impassibilité et du laboratoire des mots. On parle même de « poésie pure », c'est-à-dire d'une beauté verbale, sans idées ni morale, déjà esquissée au siècle précédent par l'art pour l'art ou par « la pure orchestration » mallarméenne. Mais d'autres ne veulent pas que l'innovation à tout prix ou que les acrobaties langagières empêchent un lyrisme véritable, simple et sensuel. Ils renouent avec la poésie d'amour la plus généreuse (Éluard), parfois religieuse (Patrice de La Tour du Pin). Ils entonnent le chant des beautés terrestres et louent la force des choses naturelles (Pierre Reverdy, Jules Supervielle et surtout le vaste Paul Claudel). Dans cette lignée, on situera Saint-John Perse, poète magistral, déroulant un superbe cérémonial, chantant l'errance et la conquête, invoquant les splendeurs du monde. Par ailleurs, dès les années 1930, liée à la montée des périls puis à l'explosion de la guerre, apparaît une poésie engagée qui nourrira ensuite celle de la Résistance, avec des poètes comme Pierre Emmanuel. Les événements politisent tellement la littérature (ce que critiquera Benjamin Péret dans *Le Déshonneur des poètes*[1]) qu'un refus de l'embrigadement s'opérera à partir de 1950.

---

1. Publié en 1945, il s'agit d'un pamphlet (en réponse au recueil clandestin de 1943, *L'Honneur des poètes*), contre les versificateurs qui se firent les hérauts de la guerre, notamment dans une dérive nationaliste.

Cette défiance à l'égard des systèmes d'idées et du militantisme (que l'on pense aux Hussards[1]) permet aux inventifs et aux parodieurs de s'en donner à cœur joie. C'est l'heure de Boris Vian et surtout de Raymond Queneau avec sa joyeuse bande de l'Oulipo : Georges Perec, Jean Lescure, Jacques Roubaud et autres. Dans leur suite et en systématisant ces jongleries malicieuses, on trouvera une foule de manipulateurs des sons, des syllabes et des mots : le « lettrisme », les ouvrages produits par des linguistes, des intellectuels et des théoriciens, parfois abscons. Mais d'autres, sans renier les convictions ni les engagements, généralement « à gauche », se contentent de retrouver le chemin de la rue, de croiser à nouveau la vraie vie et les gens simples (Prévert, Jean Follain, et plus tard Jacques Réda). Cette observation des choses de la vie va jusqu'à une poésie des objets (Ponge), voire des pierres (Eugène Guillevic), et elle montre un poète qui cherche à s'enraciner, à retrouver un contact avec les « vrais lieux » du monde d'ici-bas (Jacques Dupin, Yves Bonnefoy, Philippe Jaccottet, André Frénaud), quitte à ce que l'angoisse ou l'énigme d'exister continuent à faire trembler les moments de plénitude (André Du Bouchet, Franck Venaille et surtout René Char).

Au tournant de nos deux siècles

Face à la diversité des écrits publiés ces trente dernières années, le recul et le tri deviennent délicats. Il est plus difficile de s'y retrouver. D'évidence, les recueils et revues se font le relais de la création poétique : *Mercure de France*, *Nouvelle Revue française*, *Les Temps modernes*, *Les Cahiers du Sud*, *Lettres nouvelles*, *Action poétique*, *Europe*, *Esprit*, *Lettres françaises*. Les anthologies trouvent des lecteurs (Georges Pompidou, Jean-François Revel, Max-Pol Fouchet, Robert Sabatier, Suzanne Julliard, Xavier Darcos). Des sites et des blogs, sur l'Internet, suivent au jour le jour ce qui s'écrit, et permettent promotions et découvertes. Et les débats internes restent parfois très vifs – loi du genre, nous l'avons dit. Mais les orientations paraissent confuses. Narcissique, trop obsédée par son autodéfinition, la poésie accomplit des rites de

---

1. Ce courant, dans les années 1950, s'opposa aux existentialistes et à la figure de l'intellectuel engagé qu'incarnait Sartre. Le roman de Roger Nimier *Le Hussard bleu* donna son nom au mouvement. Patronné par Jacques Chardonne et Paul Morand, le groupe des Hussards comprenait Antoine Blondin, Michel Déon, Jacques Laurent, Roger Nimier.

destruction ou elle jongle avec des signifiants gratuits (la poésie sonore de Bernard Heidsieck et ses disciples), se mêlant à des performances de toutes natures, le numérique y jouant son rôle. Mais elle peut retrouver aussi l'antique tradition orale de la célébration du réel (Marie-Claire Bancquart, Christian Bobin, Pierre Oster, Bernard Delvaille, Jean-Pierre Lemaire) ou elle peut se livrer à un sentimental lyrisme (Jean-Claude Renard), tout en s'ouvrant aux influences étrangères (africaines et sud-américaines en particulier) et aux rythmes actuels (collages, clips, rap et slam). Le Québec, le Maghreb, les Antilles et l'Afrique ont par ailleurs rendu à la langue française leur lot de poèmes de grande qualité. À tous égards, la poésie se trouve ainsi à la croisée des chemins, itinéraires du vaste monde ou creusets divers des idées les plus abstraites.

Il en résulte souvent une complexité, voire une obscurité, que les créateurs justifient par un désir d'adhésion intuitive au mystère de l'être-au-monde. Des théories philosophiques viennent parfois conforter ces choix. Dans le même temps, la linguistique a décortiqué les normes du poème, ses constantes ou ses progrès, et elle en a décelé les combinatoires mathématiques. Ainsi cérébralisée, délestée de sa chair ou de ses origines émotionnelles, la poésie a pu être vue comme une chercheuse d'absolu, scrutant le langage ou l'herméneutique de l'être, direction déjà empruntée par Heidegger réfléchissant à Hölderlin ou dédiant à René Char son recueil de conférences *Acheminement vers la parole*[1].

Dans cette vaste fresque, on voit que la distance qui s'établit entre auteur et public n'est jamais figée. Un constant va-et-vient est perceptible entre une poésie populaire, plus familière, celle de la parole, et une poésie élaborée, plus hautaine, celle de l'écriture. Si Prévert et Éluard sont plus lus que Saint-John Perse et Michaux, c'est qu'ils ont su rester proches d'une tradition du folklore et de la chanson – et que l'on peut les apprendre à l'école, par cœur. Tandis que, captée par la glose savante et universitaire, la production moderne reste souvent

---

1. « Pourquoi des poètes ? », 1946, repris dans les *Chemins* ; « L'homme habite en poète », 1951, repris dans *Essais et conférences* ; et *Acheminement vers la parole*, 1959, recueil de conférences méditant la *Sprache* à partir de Hölderlin, Georg Trakl, Stefan George et Novalis, dédié à René Char.

lointaine. Entretemps, la chanson, si peu intellectualisée et mémorisable, a pris son envol.

Malgré ces flux et reflux, le champ historique du genre poétique reflète une cohérence. D'autant que les poètes entretiennent entre eux un dialogue éternel, un « entretien infini », pour parler comme Maurice Blanchot [1]. Ils se perpétuent en échos lointains et en filiations à distance. Ils se moquent bien des étiquettes, comme le rappelait Verlaine dans un entretien célèbre : « Symbolisme, ça doit être un mot allemand [2] ! » Ils n'écrivent guère pour répondre à des présupposés esthétiques que tel groupe aurait décrétés, et il est bien rare qu'ils sachent eux-mêmes s'en tenir à une forme unique ou à des thèmes particuliers. Sans être forcément des touche-à-tout comme le furent, par exemple, un Hugo ou, plus modestement, un Cocteau, leur génie fait éclater les cadres et les conventions. Car, chez le poète qui intéresse un vaste public, chacun attend que le « vouloir-dire » soit plus puissant que le « comment dire », que la voix couvre la technique, que l'impérieuse nécessité d'un débordement fasse rompre les digues des conformismes prosaïques. Un lien indissoluble relie la vie à l'œuvre poétique. Le malaise ou l'exaltation qui réveillent la « fureur poétique [3] », comme disaient les Anciens, sont de même essence que l'amour ou la folie. Tout poème cherche à capter le plus vrai de ce qui est humain. Et « tout le reste est littérature ».

En 1948, Sartre, dans *Qu'est-ce que la littérature ?*, analysait la poésie comme une résistance au langage, fondement de tout rapport social, et aux genres « transparents », comme le roman historique. La poésie oppose une opacité, celle des mots ou celle des images, à notre vision du monde, préférant inventer plutôt que refléter. Dès lors, est poétique tout ce qui fragilise nos assentiments, tout ce qui nous rend sensibles à l'inouï ou à l'inattendu, dans une sorte de déniaisement perpétuel. Salubre mission.

---

1. Cet ouvrage, *L'Entretien infini* (Gallimard, 1969), est un questionnement sur l'expérience littéraire.
2. « Symbolisme, ça doit être un mot allemand… hein ? Qu'est-ce que ça peut bien vouloir dire ? Quand je jouis ou quand je pleure, je sais bien que ça n'est pas du symbole. » Entretien avec Jacques Huret, dans *Enquête sur l'évolution littéraire*, 1891.
3. Dans le dialogue de Platon *Ion*, le rhapsode, c'est-à-dire le chanteur itinérant qui récite des poèmes épiques, est décrit comme possédé par l'enthousiasme. L'enthousiaste, c'est celui qui est *en-theos* : il a un dieu en soi, un dieu qui parle. C'est un inspiré, un possédé par la *mania*, le *furor* en latin, c'est-à-dire la folie, le *furor poeticus*.

Des origines
à 1500

La chanson de geste

Dans l'imaginaire moderne, la poésie du Moyen Âge, c'est d'abord **la chanson de geste**. Le genre connut un développement considérable en trois siècles, du XIe au XIVe : quatre-vingts chansons de geste, dont les dimensions varient de 1 000 à 20 000 vers.

Comme son nom l'indique, il s'agit d'un poème chanté, qui relate des hauts faits (du latin *gesta*) du passé : les exploits guerriers de l'époque de Charlemagne (VIIIe siècle). La chanson de geste a donc une double fonction : entretenir un idéal chevaleresque (en s'appuyant sur un passé héroïque) et permettre à chaque copiste ou chanteur de compléter ou modifier le poème à sa guise, sur une trame assez souple. Ce genre naît au moment des croisades, pour entretenir l'esprit de reconquête (la « Reconquista ») et offrir des modèles de piété et de courage. Il est le véhicule des thèmes de la féodalité. Tout en donnant à rêver (d'Orient, d'aventures, etc.), l'épopée édifie donc une référence morale : autour d'un roi juste et fort, des héros dépassent l'individualisme et l'intérêt personnel pour servir une communauté dans la période où le pouvoir royal essaie, en France, de supprimer le morcellement féodal et d'imposer une autorité monarchique centralisée, notamment avec Louis VII et Philippe Auguste.

L'épopée est chantée en public, le texte contient des formules et un système de strophes, avec des répétitions, qui devaient aider la mémoire du conteur ou du « jongleur ». La strophe (nommée « laisse épique ») est une structure qui réunit des vers de même longueur, construits sur une même assonance ou sur une même rime. L'épopée utilise sans cesse la répétition, les retours en arrière ou les enchaînements bifurqués, obéissant au principe de la variation sur un thème. Dans les moments privilégiés (la mort de Roland, par exemple), le récit ne progresse plus : les laisses, similaires, semblent tourner en rond. Le chant peut ainsi s'épanouir et favoriser le lyrisme.

La Chanson de Roland est la plus achevée et, pourtant, la plus ancienne des chansons de geste françaises. Le manuscrit date de 1070, comporte 4 002 vers de dix syllabes (décasyllabes) divisés en 291 laisses. La langue utilisée est un dialecte anglo-normand. Le sujet principal est l'expédition des Français contre les Infidèles, c'est-à-dire les musulmans, installés en Espagne depuis le VIIe siècle. Sous l'impulsion de Charlemagne, les Français franchissent les Pyrénées et assiègent Saragosse. Mais Charlemagne doit rentrer précipitamment en France. Son neveu Roland, qui transportait le butin dans l'arrière-garde, est attaqué par des brigands et y trouve la mort. Ces faits historiques sont modifiés par la chanson de geste. Roland est censé tomber dans un piège tendu par le traître Ganelon. Et ce ne sont plus des brigands basques (donc chrétiens) mais des Sarrasins qui attaquent l'arrière-garde des chevaliers francs. Cette idéalisation des faits est conforme à la volonté d'exalter les valeurs de la guerre sainte contre les Infidèles au moment des grandes croisades.

L'art des troubadours

Il commence vers 1100 et représente une véritable novation. Le premier dont nous ayons gardé trace est **Guillaume d'Aquitaine** (1071-1127, grand-père d'Aliénor). Ce duc belliqueux eut une vie violente, aventureuse et si débauchée qu'il fut excommunié. Puis, au retour des croisades, il composa pour sa favorite des chansons ferventes et tendres. Sa poésie illustre les valeurs de la féodalité. Mais elle insiste surtout sur le culte voué à la femme aimée. Les sources de ces textes se situent en Occitanie, dans le Midi. Ces provinces méridionales, sous la tutelle de seigneurs libéraux et cultivés, connaissaient alors une prospérité qui favorisait le développement des beaux-arts et de mœurs apaisées. Et la proximité de la Méditerranée suscitait des échanges, donc des découvertes, en direction du Moyen-Orient et de la civilisation arabo-andalouse.

Le troubadour vit dans l'entourage d'un mécène : c'est un poète de cour, parfois lui-même aristocrate. Sa poésie galante ressemble à un jeu qui affecte de renverser les valeurs habituelles de la société féodale : l'homme (si souvent dominateur et misogyne) se met au service de la Dame, accepte de subir ses caprices et se conduit en vassal. La Dame, elle, semble rester inaccessible. La poésie chante donc les obstacles à l'amour, l'impossible union, la passion inassouvie.

Comme Guillaume, **Jaufré Rudel** (première moitié du XIIe siècle) est un aristocrate, seigneur de Blaye. Il participa à la croisade de 1148 : il connut ainsi le comté de Tripoli, fondé par la maison de Toulouse, et il y chanta la fille (Melisanda) et/ou l'épouse (Odierna) du comte Raimon II. Les six chansons conservées de Jaufré Rudel restent assez mystérieuses, sur le thème de la « Dame lointaine », dont l'absence est obsédante. Cette poésie de l'amour impossible est associée à des évocations de la nature (le printemps, les chants d'oiseaux…). Cet ensemble contrasté, malgré ses allures de langueur romantique, est surtout le fruit d'un art savant, où la simplicité affectée vise un effet mélodique et suggestif. La sophistication des couplets est parfois poussée assez loin, comme avec la « sextine » (six strophes de six vers jouant sur six mots-rimes), immortalisée par le Ribéracois **Arnaut Daniel** (vingt dernières années du XIIe siècle), un virtuose dont Dante fait l'éloge dans son *Purgatoire*, avant bien des spécialistes modernes comme T.S. Eliott ou Erza Pound. Sa langue se rattache à la tradition du « *trobar clus* », forme savante et contournée, comme destinée à des initiés, visant le plus grand écart possible par rapport à l'usage banal.

Entre 1150 et 1200, les troubadours sont partout : Marcabru, Rigaut de Barbezieux, Guilhem de Cabestany, la comtesse de Die, Fouque de Marseille et Peire Vidal. Autour des mêmes thèmes, les chansons combinent des formes plus savantes. L'émotion amoureuse disparaît sous les subtilités alambiquées. L'extinction de la tradition occitane sera presque aussi rapide que son éclosion : après 1220, tout disparaît. Il est vrai que la croisade contre les Albigeois (1208-1229) a décapité l'aristocratie occitane et brisé les structures féodales des provinces du Midi.

Parmi les grands troubadours de la fin du XIIe siècle, citons **Bernard de Ventadour** (Ventadorn, en occitan). On connaît mal la vie de ce poète, très admiré de son vivant. Fut-il seigneur ou fils d'un serviteur des plus humbles ? Cette seconde tradition cherche à montrer un génie, parti de rien et devenant l'intime d'Aliénor d'Aquitaine, par la seule puissance de son talent. L'amour « loin » n'est plus celui du croisé parti au bout du monde mais du « ver de terre amoureux d'une étoile ». D'où une dominante nostalgique. En tout cas, Bernard de Ventadour est un musicien incomparable. Sans rien modifier à la thématique de l'amour courtois, il invente des images et écrit une langue originale, pleine de trouvailles et d'émotion.

Autre mélodiste excellent, **Bertran de Born** (mort en 1210), seigneur de Hautefort (Dordogne), gentilhomme belliqueux et voyageur, utilise les divers genres poétiques des troubadours. Sa littérature aristocratique cultive ainsi le *sirventès*, poème de circonstance assez animé, ou le *partimen*, dialogue fictif entre les amoureux, et le *planh*, chant d'affliction. Le style de Bertran de Born est composite : il fait alterner des complaintes nostalgiques et des accents plus violents, proches du chant de guerre.

Méfions-nous de nos habitudes de modernes (héritées du romantisme) pour juger de la poétique des troubadours. Ils ne cherchent pas l'effusion sincère des sentiments, mais tentent, chacun son tour, de réactiver des thèmes connus, des « topoï » (lieux communs). Le plaisir du texte consiste précisément à créer la surprise chez l'auditeur qui, dans un contexte qu'il connaît bien, rencontre soudain une expression neuve ou une strophe originale. Cette poésie de la forme explique pourquoi nous pouvons répertorier 885 formules strophiques différentes, dans les 2 500 pièces que les troubadours nous ont léguées. C'est à cette richesse formelle que la poétique troubadouresque va devoir son expansion vers le nord (trouvères) et dans toute l'Europe (Portugal, Sicile, Allemagne).

L'art des troubadours se rattachait à la courtoisie, donc à l'aristocratie. Les nouvelles formes poétiques qui se développent dès la fin du XIIe siècle, dans le Nord de la France, relèvent de registres plus populaires. Ces genres sont bien identifiés.

- **La pastourelle :** cette forme lyrique se répand surtout en Picardie. Chant d'amour, le poème fait alterner couplets et refrains et suit un schéma codifié, toujours le même : rencontre du poète avec une bergère, tentative de séduction, résistance de la belle. On considère généralement que la pastourelle contient des traces d'ironie qui moquent la morale aristocratique. Le succès de ce genre réside peut-être dans ce détournement des valeurs courtoises, mais la pastourelle est surtout une chansonnette allègre et parfois coquine, avec un contenu érotique diffus. Son attrait tient aussi à ce jeu de séduction.

- **Les chansons de femmes**, écrites parfois par des hommes, interprétées par des femmes. La chanson *d'aube*, par exemple, est un monologue évoquant le moment où la femme quitte son amant, au point du jour. De même la chanson *de toile* met en scène la femme qui, tout en filant ou en tissant sa toile, raconte l'histoire d'un amour malheureux. Ce genre est l'inverse de la chanson courtoise : il a recours au narratif ; c'est une jeune fille simple et non une dame hautaine qui est en jeu ; l'amour y est très humain, ne demandant qu'à s'accomplir.

Le lyrisme* d'oïl

Les trouvères du Nord de la France sont les descendants directs des troubadours, à tous égards, la poésie lyrique d'oïl imitant la *canso* occitane. Elle est l'œuvre, parfois, de grands seigneurs, comme le châtelain de Coucy, Conon de Béthune, ou même de princes ou de rois, comme Richard Cœur de Lion (1157-1199) ou Thibaut de Champagne (1201-1253). Quelques modifications sont cependant perceptibles. L'expression du sentiment se fait plus simple, plus pudique, sans hermétisme ni contorsions. D'autre part, le lyrisme d'oïl introduit les thèmes religieux dans la chanson d'amour. Ainsi, dans la chanson *de croisade*, le chevalier exprime son déchirement entre son devoir (se faire croisé) et son amour. Ce genre s'est beaucoup développé lors de la troisième croisade (1189-1192). C'est un genre à mi-chemin entre le sermon et la plainte lyrique.

Le plus grand texte d'oïl est le **Roman de la Rose**. Commencé par Guillaume de Lorris (vers 1235) et poursuivi par Jean de Meung (vers 1275), ce vaste poème de 22 000 vers, écrit en langue d'oïl, fut le plus lu de toute la littérature médiévale, avec de multiples variantes et rééditions. Ce succès tient à la synthèse qu'il offre de tous les grands thèmes poétiques médiévaux. C'est une sorte d'art d'aimer : l'auteur rêve d'un verger où dansent Courtoisie, Liesse, Amour, Beauté, Largesse, Allégresse et Franchise. Blessé par les cinq flèches d'Amour, le poète-amant va désormais partir à la conquête de la Rose (symbole de la femme idéale) et traverser mille épreuves et obstacles. Entre allégorie et confidence, le *Roman de la Rose* déploie la dialectique courtoise de l'interdit et du désir. La seconde partie, due à Jean de Meung, modifie sensiblement le climat de l'œuvre, en défendant les lois de la nature : l'amour ne doit pas être bridé, mais soumis aux pulsions naturelles du désir et de la liberté. L'idéal courtois du début est ainsi détourné au profit d'une morale du plaisir. De plus, Jean de Meung profite du rêve pour évoquer l'âge d'or, les temps immémoriaux où les hommes vivaient libres, égaux, heureux. Cette évocation est une manière détournée de condamner le présent, avec ses censures et sa mauvaise foi, comme le feront Rabelais, Montaigne ou Voltaire ; derrière le sourire et derrière une innocente apologie de la nature, on perçoit une ironie insurgée contre l'austère siècle de Saint Louis. le *Roman de la Rose* contient donc deux messages différents : l'un tourné vers l'idéalisme courtois, l'autre annonciateur des utopistes.

Notre premier poète maudit : Rutebeuf

C'est avec **Rutebeuf** (seconde moitié du XIIIe siècle) que prend fin, de manière définitive, la tradition des troubadours et des trouvères. La poésie va pouvoir se faire l'écho du monde réel et de ses drames. Certes, Rutebeuf reprend des formes déjà consacrées, comme la chanson de croisade ou le fabliau. Il doit aussi travailler sur commande et rédiger des vies de saints. Enfin, c'est un auteur dramatique, à qui l'on doit notamment *Le Miracle de Théophile*, courte pièce de 663 vers consacrée à un personnage qui pactise avec le diable. Mais, pour l'essentiel, Rutebeuf est en rupture avec le passé : le poète exprime son exclusion sociale, sa solitude et son malheur (« Que sont mes amis devenus / Que j'avais de si près tenus / Et tant aimés… »). Sans doute ne faut-il pas considérer cette œuvre comme une pure autobiographie. Mais son pessimisme et son lyrisme trouble annoncent tous les thèmes modernes du poète maudit, de Villon à Verlaine.

La vie de Rutebeuf nous reste inconnue. D'origine champenoise, il s'installe à Paris pour y exercer son métier de jongleur. Il survit grâce à l'aumône de ses protecteurs, comme le roi Saint Louis ou son frère Alphonse, comte de Poitiers. Son œuvre témoigne pourtant d'une solide culture de clerc. Condamnés à une vie itinérante, les jongleurs sont en butte au monde réel, senti comme hostile ou ingrat. Quelques-uns finissent par trouver une famille aristocratique auprès de laquelle ils demeurent attachés comme *ménestrels*. Mais, pour la plupart, ils dépendent des hasards de leur vagabondage et des caprices de quelque seigneur. Marginal, sorte de pique-assiette, le jongleur se sent déclassé et mal aimé. La diversité de l'œuvre (théâtre, prêches et textes religieux, poésies de confession ou de satire) reflète cette instabilité fondamentale. Rutebeuf souligne souvent le caractère aléatoire de son existence. Emporté par la « folie » – c'est-à-dire par le hasard ou l'humeur –, Rutebeuf résume sa condition d'un mot : la « pauvreté » (*La Pauvreté Rutebeuf*, *Le Guignon d'hiver*, les *Complaintes*), moins dépendance économique que névrose mélancolique : la vie n'est qu'une « série noire », influencée à jamais par une mauvaise étoile.

Obsédants, ce mal de vivre et ce fatalisme contrastent avec l'idéalisme chevaleresque ou courtois. Rutebeuf donne l'impression d'assister à l'écroulement des valeurs positives de la société féodale. Il remâche son « amertume » face à un monde dominé par l'argent et par le Mal. Parfois cette amertume tourne à la révolte et se transforme en violente dérision satirique. Le poète règle alors leur compte aux moines hypocrites et ambitieux (*Ordres de Paris*, *Dit d'hypocrisie*), ou aux rois et prélats, enivrés de vanité et de pouvoir. Mais ces agressions retombent vite, comme d'inutiles pulsions. Rutebeuf a clairement le sentiment que le monde est déjà « bétourné », c'est-à-dire inversé et retourné : les imposteurs et les usurpateurs règnent partout. Nostalgie des valeurs du passé – celles des croisades – ou reflet d'une simple déchéance personnelle ? On ne sait.

Rutebeuf

« Que sunt mi ami devenus / Que j'avoie si pres tenu / Et tant amei ?… »
« Je ne sai par ou je coumance / Tant ai de matyere abondance / Por parleir de ma povreté… »

Premières tensions entre rhétorique et intimisme

Ce sont **les rhétoriqueurs** qui vont prendre la relève, au milieu du XIVe siècle. Les grands thèmes poétiques de la courtoisie, déjà détournés par Rutebeuf, paraissent usés mais les auteurs ont du mal à découvrir de nouveaux sujets. Faute de pouvoir renouveler le contenu de leurs créations, ils vont chercher de nouvelles formes. Rutebeuf avait donné l'exemple, par ses trouvailles verbales, ses effets de rimes et ses jeux phonétiques. La génération suivante va amplifier cette tendance et s'orienter vers une technique très élaborée, savante même. Recourant à des genres à forme fixe (rondeau, virelai, ballade, etc.), les poètes s'appuient sur la rhétorique (l'art du langage expressif). On les nomme rhétoriqueurs.

Leur chef de file est **Guillaume de Machaut**, poète et musicien (vers 1300-1377). Familier de Jean de Luxembourg, roi de Bohême, il fut son aumônier avant de devenir chanoine de Reims. Compositeur génial, il fut aussi le théoricien des poèmes à forme fixe. Son ouvrage, le *Voir-Dit* (« le dit du vrai »), est un véritable art poétique. Les théories de Guillaume de Machaut seront complétées par Eustache Deschamps (1346-1406) dans son *Art de dictier* (1393). Né en Champagne, **Eustache Deschamps** vécut dans l'entourage des ducs d'Orléans. Ambassadeur, négociateur, ce fonctionnaire royal fut aussi un poète fécond (environ 80 000 vers).

Au début du xve siècle, la tendance des rhétoriqueurs à une impersonnalité excessive semble s'estomper. On en revient à un lyrisme plus intime, plus personnel, comme, par exemple, chez la poétesse **Christine de Pisan** (1364-1431). Fille d'un astrologue italien qui vivait dans l'entourage du roi de France Charles V, elle vécut son enfance à la cour avant d'épouser un notaire royal, Étienne de Castel. Veuve très jeune, en 1389, Christine de Pisan se consacre alors à la littérature et semble même avoir vécu de sa plume, rédigeant des œuvres de commande pour le public aristocratique. Malgré cet artisanat professionnel (qui la rattache bien à la tradition des rhétoriqueurs), elle fait entendre son émotion, sa solitude, son caractère. Mais Christine de Pisan est aussi notre premier auteur féministe. Elle participe aux débats autour de la fin du *Roman de la Rose* qui défendait l'assouvissement du désir sans pudeur, et y réplique par divers textes, le *Dit de la Rose*, l'*Épître au dieu d'Amour*, la *Cité des Dames*, textes qui témoignent des ambitions d'une forte personnalité.

Christine de Pisan

« *Seulette suis et seulette veux être…* »
« *Quand je vois ces amoureux [...] / À peu que mon cœur ne fond !* »

Autre poète qui utilise la forme fixe pour épancher ses états d'âme : **Charles d'Orléans** (1394-1465). Fils de Louis d'Orléans, assassiné en 1407, il participa à la bataille d'Azincourt (1415), où il fut fait prisonnier des Anglais. Pendant les vingt-cinq années de sa captivité, Charles d'Orléans se replia sur la poésie. Les thèmes de l'exil, de la solitude et du mal d'amour transforment les rondeaux et chansons en complaintes, brèves et comme murmurées. Divertissement et consolation, la poésie de Charles d'Orléans est dominée par la nostalgie. Aussi cesse-t-elle dès que le prince retrouve la France et les intrigues politiques, notamment lorsqu'il cherche à faire reconnaître ses droits sur le comté de Milan – qui lui échappera finalement. Retiré à Blois après 1540, Charles d'Orléans s'entourera d'artistes, parmi lesquels, un temps, François Villon.

Charles d'Orléans

« Le temps a laissé son manteau de vent, de froidure et de pluie… »
« En regardant vers le pays de France, / Un jour m'advint, à Douvres sur la mer, / Qu'il me souvint de la douce plaisance. Que je soulais au dit pays trouver… »

François Villon

François Villon (1431-après 1463) est la figure majeure de la fin du Moyen Âge, même si sa vie reste une énigme. On doit se contenter de sa réputation, pas totalement vérifiable, qui le présente comme un marginal débauché, un délinquant récidiviste. Cette image de poète maudit n'est pas pure légende, mais elle cache d'autres facettes de Villon, notamment sa culture, la variété des milieux qu'il a fréquentés. On ne peut d'ailleurs comprendre Villon sans le replacer dans son époque, celle de la fin de la guerre de Cent Ans: Paris a connu la famine, les épidémies, la brutalité militaire. La violence et le désordre sont généralisés. Villon est un des trublions de cette époque déréglée.

Né en 1431, François de Montcorbier est orphelin. Adopté par le chanoine Guillaume de Villon, théologien éminent et chapelain d'une paroisse du Quartier latin, le *pauvre écolier François* obtient sa licence en 1452, après de bonnes études. Mais son tuteur ne semble pas pouvoir contenir le turbulent étudiant, dont le nom apparaît dans les fiches de la justice et dans les registres de la prison. Accusé du meurtre d'un prêtre (1455), du vol de cinq cents écus d'or (1456), poursuivi par l'évêque d'Orléans (1461), Villon finit par être condamné à mort en 1462. Terrorisé par le gibet, il passe une année en prison. Une procédure d'appel introduite devant le parlement de Paris cassera la sentence de mort (5 janvier 1463). Interdit de séjour pour dix ans, le banni disparaît et l'on perd totalement sa trace.

À la suite de Rutebeuf, Villon est un homme imprégné de la culture médiévale et, dans le même temps, insurgé contre elle. D'un côté, il assume l'héritage culturel de son père adoptif : connaissance de la Bible, adhésion aux idées des prédicateurs pessimistes de son temps, hantise du Jugement dernier, etc. ; de l'autre, il récuse la tradition aristocratique des rhétoriqueurs, joue les mauvais garçons, parle des tavernes et des milieux mal famés. Cette dualité rend l'œuvre difficile, à la fois savante et s'affichant comme négligée et populaire. Elle est marquée par un principe de refus et de détachement : le *Lais* et le *Testament* se présentent d'emblée comme des voix d'outre-tombe, comme un adieu (on disait un « congé ») d'un poète hors du monde car hors la loi. Poète révolté, Villon l'est d'abord par ses thèmes. Se démarquant de la tradition courtoise, il s'en prend ainsi au mythe de l'amour idéal, en le remplaçant par la paillardise, parfois obscène, ou par le sarcasme (*Double Ballade*, *Ballade des folles amours*). Ensuite, Villon chante exclusivement les miséreux, les gens de mauvaise vie, les délinquants, tous promis à la déchéance et au châtiment (*Ballade des pendus*). Enfin, la contestation du beau langage aboutit à une langue poétique détournée : recours à divers argots, jeux de mots, déformation de noms propres, amalgames inattendus. Ces pirouettes linguistiques ont une valeur subversive : les êtres et le monde tournent au burlesque, les choses sérieuses prennent des noms bouffons, les hommes (comme chez Bosch) deviennent des animaux ridicules ou des monstres, etc. L'humanité est confondue avec le bestiaire. Mais le principe d'incertitude est encore plus fort que le refus : Villon émiette le langage, car la vérité est changeante et insaisissable. De là son goût des *Contre-Vérités* et des ballades fondées sur des contradictions, telle la *Ballade du concours de Blois* organisé vers 1460 par Charles d'Orléans : « Je meurs de soif auprès d'une fontaine […]. Rien ne m'est sûr que la chose incertaine. »

François Villon

« Frères humains qui après nous vivez / N'ayez les cœurs contre nous endurcis… »
« Je meurs de soif auprès de la fontaine… »

La virtuosité des grands rhétoriqueurs

La période s'achève avec les «**grands rhétoriqueurs***». On désigne sous ce nom un groupe de poètes (une quarantaine) dont les œuvres sont parues entre 1460 et le début du xvie siècle. Il ne s'agit pas d'une école, mais d'un ensemble d'écrivains dont les principes d'écriture sont comparables. Tout en reprenant les grands thèmes de la tradition médiévale, les grands rhétoriqueurs innovent par l'ampleur de leurs poèmes et par la surcharge : discours de l'excès aux effets appuyés (souvent pathétiques), avec des comparaisons et métaphores prolongées, nourri de citations. Cette poésie, d'une étonnante virtuosité technique, émane d'auteurs qui vivent dans un milieu de cour, attachés à quelque prince. Secrétaires, diplomates, juges, prêtres, chroniqueurs, les grands rhétoriqueurs sont payés pour briller, parfois pour louer. D'où le caractère ornemental et puissant de leurs textes.

Dans l'aire de la cour de Bourgogne, on trouve Jean Molinet et Jean Lemaire des Belges ; dans l'entourage des grands seigneurs de France ou du roi, Jean Meschinot, Guillaume Cretin et Jean Marot (le père de Clément). Parmi les noms qui sont le plus souvent cités, retenons aussi ceux de Jean Robertet, Octavian de Saint-Gelais et André de La Vigne. Utilisé d'abord comme péjoratif, le terme de «grand rhétoriqueur» a été entièrement réhabilité de nos jours. On admire la beauté d'une langue énergique et chatoyante. Et surtout ces poètes furent les premiers à détacher la poétique de l'expression supposée d'une expérience vécue. Ils ont ouvert la voie à une poésie qui se fait avec des mots et non avec des sentiments.

LES RECUEILS INCONTOURNABLES

Rutebeuf, *Œuvres complètes*, Le Livre de poche Classique, 2001.

Charles d'Orléans, *En la forêt de longue attente et autres poèmes*, Gallimard, coll. «Poésie», 2001.

François Villon, *Poésies*, Gallimard, coll. «Poésie», 1973.

Le XVIᵉ siècle

L'initiateur Marot

Succédant aux grands rhétoriqueurs, les poètes du début du XVIᵉ siècle, voulurent s'en démarquer. Renonçant aux complexités érudites, ils prétendent revenir au naturel, cherchant une complicité avec le lecteur, notamment dans des « épîtres » ou « épigrammes ». La virtuosité ne disparaît pas, mais elle se prend moins au sérieux.

Dans la première période 1510-1540, seul **Clément Marot** (1496-1544) s'impose, car il fait la synthèse des traditions (son père, Jean Marot, est un grand rhétoriqueur), et invente un ton libre et alerte. Homme d'esprit et de cour dès la petite enfance, ouvert, cordial, insolent, Marot a le tempérament d'un inventeur. Il innove avec brio, tout en s'appliquant aux formes traditionnelles (ode, ballade, rondeau). On lui attribue aussi la création, en France, du sonnet. À la cour de François Iᵉʳ, où le jeune roi et sa sœur Marguerite ne dédaignent pas de rimer, les poèmes qui s'échangent, sans grande originalité, prétendent exprimer des sentiments naturels. La poésie, oubliant les affres de Villon ou de Rutebeuf, devient une distraction mondaine et sentimentale, un passe-temps et un jeu de l'esprit.

Marot comprend très vite ce que l'on attend de lui, et sa poésie va répondre à ce goût mondain. La phrase sera simple, directe et rapide. Le compliment galant se formulera clairement et non dans des détours allégoriques ou mythologiques. On préférera la forme brève et brillante aux longs poèmes interminables et obscurs. Le pédantisme laisse la place à l'esprit, en prenant des exemples chez les Italiens, tel Pétrarque. Par ailleurs, Marot fixe des usages qui survivront jusqu'à nos jours : des strophes (le sizain en octosyllabes, avec la rime AABCCB ; le huitain, divisé en deux quatrains, avec la rime ABABBCBC ; le dizain, en déca ou octosyllabes, avec la rime ABABBCCDCD) et des poèmes (ballade, rondeau, sonnet).

L'œuvre de Marot se déploie dans quatre sirections :

- des pièces lyriques, où le poète exprime ses sentiments. Marot a le sens de la confidence, du détail vrai et touchant. Cette sensibilité naïve s'épanouit dans ses « églogues », où il conte son enfance, et dans des épigrammes amoureuses ;

- des pages satiriques, car Marot est un frondeur, favorable à la Réforme, poursuivi pour divers « péchés mortels » (comme avoir traduit des textes sacrés ou oublié de jeûner en carême). Son éditeur, Étienne Dolet, sera brûlé pour hérésie en 1546. Dans son long poème « L'Enfer » (1526), Marot se livre à une violente critique de la justice de son temps ;

- des courtisaneries, car Marot ne survit que des faveurs du prince, François Ier, ou de sa sœur Marguerite. Il lui faut plaire et quémander. Dans ces textes, l'humour domine, pour s'avérer efficace : avec son « Épître au roi », pour avoir été dérobé (1532), Marot amusa assez le roi pour qu'il lui accorde cent écus d'or ;

- enfin, Marot fut un vulgarisateur. Il traduisit les Psaumes bibliques, malgré la condamnation du tribunal ecclésiastique de la Sorbonne qui trouvait impie de mettre les textes sacrés à la disposition du public. Son exil en Italie (1534) et en Suisse, auprès de Calvin (1542), est surtout dû à ces travaux de traduction – livres de prières pour l'Église réformée.

Ainsi Marot fut-il un initiateur décisif, dans un moment où l'appétit de savoir excite les esprits. Il inventa un jeu littéraire : le blason. À l'origine, « blasonner » consiste à détailler les armoiries d'un écu (d'une famille ou d'une ville). Marot s'amuse à l'appliquer à un élément anatomique (l'œil, le sourcil, le nombril), d'où son « Blason du beau tétin » (1535) ou le « Blason du sourcil » de Maurice Scève. On vit même fleurir des contre-blasons scabreux. Fascination, fétichisme, litanie du désir, découverte et dévoilement, le blason illustre toute la Renaissance.

Clément Marot

« En m'ébattant, je fais rondeau en rime / Et bien souvent en rimant je m'enrime… »

« Puisque les vers que pour toi je compose / T'ont fait tancer, Anne, ma sœur, ma mie, / C'est bien raison que ma main se repose. / Ce que je fais : ma plume est endormie… »

« J'avais un jour un valet de Gascogne / Gourmand, ivrogne et assuré menteur / Pipeur, larron, jureur, blasphémateur / Sentant la hart [la corde] de cent pas à la ronde, / Au demeurant le meilleur fils du monde… »

« Tétin refait, plus blanc qu'un œuf / Tétin de satin blanc tout neuf, / Toi qui fais honte à la rose… »

L'école lyonnaise*, secret des âmes et désir du corps

Passage obligé entre l'Italie et Paris, Lyon est un carrefour essentiel où les banquiers se sont installés. Cette activité économique favorise la circulation des idées. L'esprit réformé souffle de Genève, les traditions de troubadours du pays d'oc sont tout proches, les idées esthétiques ou philosophiques de l'Italie remontent la vallée du Rhône. Enfin, Lyon est une capitale de l'imprimerie, grâce à la « Compagnie des libraires lyonnais ». Les éditeurs, munis de privilèges royaux, font progresser la diffusion du livre en imposant le petit format *in octavo* (c'est-à-dire le huitième d'une grande feuille) et en utilisant des caractères plus lisibles que le gothique. Citons les deux grands imprimeurs lyonnais : Étienne Dolet (qui édita Rabelais et Marot, brûlé comme hérétique en 1546) et Jean de Tournes (Marguerite de Navarre, Maurice Scève, Louise Labé, Pernette Du Guillet).

Les lettrés lyonnais s'intéressent à la pensée religieuse, à l'astrologie, aux nombres. Les commerçants sont favorables à la libre circulation, donc à la paix et à la tolérance. Dans les riches familles se forment des « salons » et des cercles, où la poésie et la musique servent à la fois de divertissement et d'approfondissement des idéaux humanistes. **Maurice Scève** (1501 ?-1564 ?), personnalité secrète et influente, est issu de ces notables aisés. Sa poésie, concise et difficile, reflète le mystère de sa vie privée. Assez riche pour se consacrer exclusivement aux études et à la création, il exerça un puissant ascendant sur son entourage. Nourri de culture gréco-latine, il affirma, en 1553, avoir retrouvé le tombeau de la Laure de Pétrarque, dans une chapelle d'Avignon. Cette « trouvaille » (fort suspecte) lui sembla un signe de sa vocation, et il entra en poésie comme d'autres entrent en religion.

Son œuvre principale est *Délie, objet de plus haute vertu* (1544), recueil composé de 449 dizains, en vers décasyllabes, qui suivent tous les rimes ABABBCCDCD. L'ordre d'apparition des unités, leur nombre et les obscurités de certains vers ont fourni matière aux interprétations les plus inattendues, Scève étant versé dans l'hermétisme et l'idéalisme néoplatonicien. *Délie* illustre la quête désordonnée et tourmentée d'un anxieux vers une perfection dont la femme aimée est l'image.

Délie est l'anagramme de « l'idée ». Scève cherche l'accession à l'amour idéal, lequel exige des souffrances. Délie prend la forme de Diane-

Hécate, déesse « triple » de la chasse (qui fait errer et qui se refuse) et de la nuit (mystérieuse, froide, cruelle). La poésie de Scève exprime donc une douleur nécessaire à une jouissance supérieure. Plus près de nous, des poètes comme Mallarmé ou Valéry admireront surtout la forme très contraignante du « carré » scévien (dix vers / dix syllabes), sorte d'exercice poétique demandant une certaine virtuosité.

Maurice Scève

« Comme Hécate, tu me feras errer / Et vif et mort cent ans parmi les ombres… »

« En toi je vis, où que tu sois absente. / En toi je meurs où que je suis présent. / Tant loin sois tu, toujours tu es présente. / Pour près que sois, encore suis-je absent… »

Délie a été reconnue en **Pernette Du Guillet** (1520 ?-1545), dont Scève s'éprit vers 1536. Unanimement louée pour sa beauté comme pour son savoir, c'était une érudite, polyglotte et musicienne. Elle a à peine seize ans quand Scève (qui en a trente-cinq) a un coup de foudre en la voyant. Leurs relations ont dû rester platoniques, d'autant qu'elle se maria avec un autre. Mais leur tendresse amoureuse se transforma en une correspondance poétique. Pernette Du Guillet répond avec ses propres vers. Elle les compose au jour le jour, sans prétention, d'une manière juvénile, allègre et modeste. On les publia, à sa mort, sous le titre de *Rimes* (1545). En face des vers tendus et torturés de Scève, elle fait entendre une voix simple et chantante.

Mais c'est **Louise Labé** (1524-1566) qui est la plus grande poétesse de la Renaissance. Sa personnalité fit jaser de son vivant. Comment une bourgeoise, fille et femme d'artisan cordier (d'où son surnom de « belle cordière »), a-t-elle pu si vite s'imposer comme un écrivain excellent et novateur dans les milieux aristocrates et raffinés de Lyon ? On s'étonne aussi de la voir participer à des tournois, en compagnie de son frère, écuyer et maître d'armes comme elle.

Son œuvre a deux facettes : un « féminisme », qui invite les femmes à participer à l'essor humaniste de la Renaissance, à *regarder un peu au-dessus de leurs quenouilles et de leurs fuseaux*, à refuser d'être « femme-objet » ; d'autre part, une sensualité, vantant l'ardeur des amours charnelles. Cette franchise attira des jugements sévères, notamment du sombre Calvin. On lui reprochait son impudeur et on lui fit même une réputation de courtisane. Pourtant, cette œuvre exprime, sans provocation ni outrance, la maladie d'amour, où l'être est partagé entre le plaisir et le manque.

Louise Labé

« *Je vis, je meurs, je brûle et je me noie | J'ai chaud extrême en endurant froidure…* »

« *Baise m'encor, rebaise-moi et baise | Donne-m'en un de tes plus savoureux…* »

La révolution poétique du milieu du siècle

En 1547, François Ier meurt, après trente-deux ans de règne. La France connaît un apogée : un pays pacifié et unifié où les beaux-arts et l'humanisme triomphent. Dans ce contexte favorable, la génération des années 1530 va participer à un essor littéraire qui sera décisif pour toute l'histoire de notre littérature.

L'exemple vient de haut : la cour protège les artistes. Les constructions royales (châteaux de la Loire, puis Louvre et Tuileries) attirent architectes, sculpteurs et peintres. Les rois protègent les poètes qui servent le prestige royal. Sous les règnes d'Henri II (1548-1559), François II (1559-1560) et Charles IX (1560-1574), le culte des modèles antiques (*via* l'Italie) modifie les goûts esthétiques. Les grands humanistes français (comme les traducteurs Jacques Amyot ou Henri Étienne) sont influents : Ronsard et Du Bellay (qui ont vingt ans vers 1545) doivent beaucoup à leurs leçons.

Une intense production prend alors son essor : poésie, théâtre, littérature d'idées et textes engagés. La bourgeoisie, qui s'enrichit vite, se met à s'intéresser à la culture. Le public s'élargit : un homme comme Ronsard, à la fin de sa vie, est lu et connu dans la France entière. C'est peut-être notre premier grand écrivain « populaire ».

Il fallait un manifeste à ce foyer poétique. *Défense et illustration de la langue française* (1549), préparée par les jeunes lettrés réunis autour de Ronsard, porte la signature de Du Bellay. Prenant pour prétexte une réponse à Thomas Sébillet (qui, dans son *Art poétique*, défendait l'art de Marot), Du Bellay et ses amis proposent une nouvelle théorie littéraire, visant à enrichir la langue et à créer de nouvelles formes. Du Bellay compile des idées souvent admises par tous, y compris par ceux qu'il attaque (comme Marot ou Rabelais). Le débat de fond (créer une littérature originale qui soit proprement « française ») va conditionner l'évolution de la poésie jusqu'à nos jours. Voici, schématiquement, le plan de la *Défense et illustration* :

- Livre I : la langue française

  - Le français n'est ni « barbare » ni inférieur aux langues anciennes ou à l'italien, mais notre peuple s'est trop soucié du « bien-faire » au lieu du « bien-dire » ; il faut cesser de négliger la langue (I-III).

  - Les traductions, certes, sont utiles : elles prouvent l'habileté du français ; mais elles ne peuvent à elles seules faire exister notre langue ; d'autre part, il est inepte de traduire les poètes étrangers ; c'est les trahir. Il faut donc imiter et non traduire (IV-VIII).

  - En tout domaine, un homme d'aujourd'hui peut égaler, voire surpasser, un homme de l'Antiquité (IX-X).

  - Le français est mal étudié, car on passe trop de temps à enseigner les langues anciennes, comme si elles étaient notre langue maternelle (XI).

- Livre II : la nouvelle poésie

  - La poésie française est à inventer, car les exemples actuels ne sont pas satisfaisants (I-II).

  - Un poète a besoin d'un don, sans doute, mais plus encore de travail et de culture (III).

  - Exemples de techniques qu'il lui faudra pratiquer : s'essayer à tous les genres anciens (élégies, odes, satires, etc.) ou étrangers (le sonnet italien), mais privilégier les sujets empruntés à notre histoire nationale (IV-V).

  - Il faut enrichir la langue de mots nouveaux (VI).

  - Les grandes ressources de la beauté poétique sont la rime (VII), les tours, les figures, les rythmes, etc. (VIII-X).

  - Ainsi, le poète atteindra la gloire nationale : il aura défendu le génie de son pays au même titre que les guerriers ou les politiques.

Il faut mépriser les rimailleurs et amuseurs frivoles. Le poète a une mission patriotique (XI-XII).

Derrière ces théories, les poètes se reconnaissent dans deux traditions : la courtoisie (le poème illustre, par ses figures et ses métaphores, la quête d'un amour parfait) et le pétrarquisme [1]. Elles se mêlent de néo-platonisme, selon lequel les apparences ici-bas ne sont que des reflets des vérités pures (que Platon nomme Idées) et que l'âme humaine veut retrouver lorsqu'elle sera libérée de la prison du corps. Cet idéalisme, confondu avec la pensée chrétienne, s'accorde avec une conception de la poésie comme aspiration à l'envol et élan vers un absolu.

La Pléiade, autour de Ronsard, n'est pas vraiment une école, mais un regroupement d'amis qui empruntèrent leur nom à une constellation à sept étoiles. Les sept poètes sont : Ronsard, Du Bellay, Pontus de Tyard, Baïf, Peletier, Belleau, Jodelle. Autour de l'helléniste Jean Dorat (1508-1588), ils se sont initiés aux trésors de la littérature grecque et latine.

Le poète en exil ici-bas, Joachim Du Bellay

Très tôt orphelin, issu d'une grande famille, le jeune **Joachim Du Bellay** (1522-1560) est livré à lui-même, dans son Anjou natal. Il se consacre à la lecture puis commence des études de droit (pour suivre son oncle, le cardinal Jean, évêque de Paris, dans la carrière diplomatique) avant de rencontrer Ronsard. Du Bellay veut illustrer les idées de la *Défense et illustration*, avec *L'Olive*. Ce recueil de 115 sonnets (édition de 1550) chante l'amour du poète pour une dame, Olive. Ce nom permet de jouer sur l'image de l'olivier, comme Pétrarque l'avait fait avec le laurier. Écrit dans une langue stylisée et savante, le poème amoureux semble artificiel, chargé d'allusions mythologiques et abusant des figures de rhétorique. Mais cette écriture s'accorde au sujet : l'amour est vécu comme une ascension torturée vers un idéal de

---

1. Dans son *Canzoniere* (un recueil de sonnets), l'érudit italien Pétrarque (1307-1374) raconte son « coup de foudre » pour une dame mystérieuse, Laure, rencontrée le 6 avril 1327 à Avignon. La beauté féminine est un reflet terrestre de toute beauté idéale inaccessible. D'où une souffrance et un manque, formulés par des antithèses (union des contraires ; l'amour angoisse/exaltation ; la beauté fascinante/déprimante) et des exagérations (hyperboles, images violentes, langue affectée).

pureté. *L'Olive* provoqua une telle vogue pétrarquiste que les poètes de la Pléiade finirent par s'en moquer. Au maniérisme et à la préciosité, ils opposeront bientôt une inspiration plus intime.

Du Bellay lui-même revient alors à la poésie personnelle, d'autant que le sort l'accable. Sourd et de santé précaire, il part à Rome où il va trouver le cadre et le sujet nécessaires à l'expression de cette pénible expérience. Le cardinal Jean Du Bellay, le protecteur de Rabelais, y est envoyé par Henri II pour négocier avec le pape Jules III le règlement du conflit entre la France et Charles Quint. Le prélat est accompagné du poète, pour qu'il serve d'intendant. « Je suis né pour la muse, on me fait ménager » (*Regrets*, 39). Malgré ces tâches domestiques qui l'accaparent et l'ennuient, Du Bellay va beaucoup écrire à Rome (1553-1556) :

- *Les Antiquités de Rome* évoquent la Rome de jadis et les ravages du temps ;

- *Les Regrets* ressassent les misères et décrépitudes de la ville papale où le poète solitaire souffre et s'indigne ;

- *Les Jeux rustiques* font contraste : ils commémorent sur un ton badin les délassements – campagnards ou non – des Romains « en vacances » ;

- les *Poemata*, entièrement en latin, complètent ces chants de l'exil.

Tous ces recueils romains (publiés en 1558) furent rédigés conjointement. Dans le décor d'une Rome décadente, le poète prétend s'abandonner à une sincérité directe et spontanée. Ce cri du cœur, annonciateur du lyrisme romantique, atteste une réaction personnelle et vécue. On imagine sans peine l'émotion du poète humaniste devant le spectacle de la grande cité antique, maîtresse du monde à présent ruinée, où s'élaborèrent une culture et une histoire dont il est totalement imprégné. Rome est alors le carrefour politique du monde : c'est là que se nouent et se règlent les intrigues diplomatiques des grandes puissances européennes, lieu privilégié pour saisir la marche du temps, passé et présent.

Mais ces textes n'ont rien d'une improvisation. Ils révèlent une maturité intellectuelle et un art calculé. Du Bellay délaisse le sonnet amoureux pour créer un genre nouveau : le sonnet philosophique, élégiaque ou satirique. Il confond son expérience personnelle et une réflexion universelle, nourrie des grands Anciens. En préclassique, Du Bellay retrouve dans les thèmes et les formes antiques une façon de chanter ses propres émois.

- Les *Antiquités* insistent surtout sur le mystère des ruines : la grandeur passée, la chute et ses vicissitudes. Le poète, fasciné, se livre à des invocations, comme pour tirer de ces monuments déchus un improbable écho.

- Les 191 sonnets des *Regrets* mélangent des tonalités plus diverses. Du Bellay y annonce un « goût de fiel, de miel, mélangé avec du sel ». Triple inspiration : amertume de l'exilé ; douceur du souvenir nostalgique ; piquant du satirique face aux mœurs romaines décadentes.

L'œuvre de Du Bellay, poète de l'exil, est marquée par la nostalgie et les déceptions. Ses vers mélodieux seront imités. Car la poésie cherche à bercer la peine, à métamorphoser le malheur en ritournelle. On dirait que certains de ses sonnets n'ont été écrits que pour être appris par cœur.

Joachim Du Bellay

« Si notre vie est moins qu'une journée / En l'éternel, si l'an qui fait le tour / Chasse nos jours sans espoir de retour, / Si périssable est toute chose née… »
« Las, où est maintenant ce mépris de fortune ? / Où est ce cœur vainqueur de toute adversité, / Cet honnête désir de l'immortalité, / Et cette honnête flamme au peuple non commune ? […] Et les muses de moi comme étranges s'enfuient. »
« Heureux qui comme Ulysse a fait un beau voyage… »

La figure dominante, Ronsard

Né dans une noble famille de Vendôme, près d'Orléans, **Pierre de Ronsard** (1524-1585) comptait faire une carrière de diplomate. Placé tout jeune comme page auprès des enfants du roi, il fréquente l'élite du royaume et les lettrés. C'est une maladie (qui le laissera sourd) qui le pousse à s'intéresser aux études et à l'écriture. Sa forte personnalité lui permet de s'imposer au sein du groupe de la Pléiade. Après quelques tentatives de poésie très savante, imitée des Grecs, il se tourne vers des recueils d'*amours*, où il chante avec simplicité ses sentiments pour Cassandre ou pour Marie, jeunes femmes imaginaires ou mal identifiées.

Ronsard a exercé sur son époque un immense ascendant. Ses publications lui confèrent une autorité et un prestige qui iront croissant. Sous le règne de Charles IX (1560-1574), il acquiert gloire et fortune. Car Ronsard a su faire la synthèse des goûts humanistes qui, au milieu du siècle, pouvaient pleinement s'épanouir. Il a beau proclamer son indépendance et l'ambition sans compromission de son talent, il est, à tous égards, un poète « engagé », soit qu'il se mette au service d'une cause, soit qu'il chante, à travers des amourettes, les profondes hantises de l'homme du XVIe siècle (fuite du temps, aspiration à la paix, amour de la nature, admiration pour les goûts antiques, etc.). Face à une histoire qui s'accélère et qui vacille, Ronsard invite à goûter le plaisir et l'art d'aimer.

Les thèmes de Ronsard sont inspirés par l'épicurisme. Sa poésie évoque la jeunesse qui fuit trop vite ; la nature qui n'est qu'harmonie ; l'amour qui contient tous les autres sentiments ; la victoire du temps et de la mort. La poésie se présente alors comme moyen de compenser la fragilité des choses de la vie : elle immortalise ce et ceux qu'elle chante. Telle jeune fille inconnue passera ainsi à la postérité ; tel roi se verra conférer la gloire. Ronsard retrouve le vieux mythe antique du poète-mage. La poésie remplit un sacerdoce et transmet des révélations. Elle donne la lumière et exprime, à l'usage de toute la nation, les grands idéaux, les croyances, les espérances.

Qui dit Ronsard dit poème d'amour. Cette réputation ne rend que partiellement justice à la diversité de cette œuvre. Ronsard s'est fait l'écho des événements de la vie nationale, et il a beaucoup écrit sur des sujets politiques et philosophiques. Son texte est fortement personnalisé, tout à la première personne, et il met à nu ses sautes d'humeur, son caractère taciturne, sa morgue. Enthousiasmes et déceptions, certitudes et doutes : Ronsard donne partout l'impression de faire de la poésie un aveu sincère, pressé par la force de ses sentiments.

En réalité, cette conception est naïve. Ronsard a passé sa vie à changer l'anecdote intime en œuvre d'art élaborée. Ainsi, il a veillé lui-même aux six éditions successives de ses œuvres complètes, de 1560 à 1584, ne cessant de corriger, de réorganiser son plan, d'effacer les obscurités inutiles ou les formules trop désinvoltes. Ses fameux recueils de vers amoureux sont eux-mêmes refondus plusieurs fois, Ronsard n'hésitant pas à échanger des pièces dédiées à l'origine à des femmes différentes, voire à modifier la dédicace. Il n'est pas douteux que Ronsard ait connu le trouble d'amours sincères, mais son œuvre atteste surtout la volonté très consciente d'un artiste qui vise moins la confidence que la perfection. L'émotion est moins la source que l'effet du poème. Au fond, c'est ici le classicisme qui s'annonce.

De son vivant, Ronsard fut salué comme une sorte de poète officiel, travaillant sur commande (hymnes, discours, essais épiques, traductions des Anciens, textes polémiques contre les Réformés, etc). Mais, sans cesse, il rompt avec cette austère production pour se consacrer aux *amours*. Il ne place pas sa vie sentimentale sous le signe d'une unique passion exclusive (contrairement à Pétrarque, Scève ou Du Bellay). Il choisit de développer le thème littéraire de l'amour sous toutes ses faces, à travers plusieurs figures de femmes : Cassandre, Marie, Hélène. Les poèmes les plus connus de Ronsard semblent naïfs et simples. Mais, dans l'ensemble, ses recueils ne manquent pas de prouesses et de complications pétrarquisantes. Car il ne faut jamais perdre de vue que Ronsard écrit pour le milieu de la cour, férue de culture italienne et très raffinée.

Bien qu'il ait affecté de mépriser les poètes-courtisans, Ronsard n'a cessé de rimer sur commande. Il dut s'engager, par exemple, dans un grand poème épique à la gloire de la monarchie et de la nation françaises, la *Franciade* (1572). Cette vaste et indigeste épopée nationaliste n'aura guère de succès et restera inachevée. À côté de ce ratage, les *Discours* attestent encore la fougue ronsardienne : le poète s'y « engage » de façon très violente contre les « hérétiques ». Les protestants prennent alors Ronsard pour cible ; il lui faut se défendre, montrer la pureté de sa vie. Toutes ces tensions ne lui réussissent guère. Il s'aigrit, devient taciturne, s'isole dans ses prieurés de Touraine. À la mort de Charles IX (1574), il a le sentiment que la dynastie dégénère. On lui préfère Du Bartas ou Desportes. Les protestants ne lui pardonnent pas ses vers fanatiques. Il a beau tempêter et critiquer ses rivaux (« crevés d'enflures et rampants »), son heure est passée. Les derniers poèmes reflètent donc ce crépuscule : il se justifie et il se plaint. Avec son réalisme habituel, il décrit sa décrépitude. Mais sa nostalgie de la *volupté et des Grâces* donne à ces funèbres poésies une ultime sensualité. Une sorte d'amour païen de la vie brille ici de ses derniers feux.

« Quand je suis vingt ou trente mois / sans retourner en Vendômois… »
« Mignonne, allons voir si la rose… »
« Comme on voit sur la branche, au mois de mai, la rose, / En sa belle jeunesse, en sa première fleur, / Rendre le ciel jaloux de sa vive couleur… »
« Quand vous serez bien vieille, au soir à la chandelle… »

Retour du tragique

Dans le sillage de Ronsard gravitent des disciples et des imitateurs. Certains sont ses proches (Belleau, Baïf, Pontus de Tyard) ; d'autres sont des rivaux à la cour (tel Desportes) ; d'autres enfin l'admirent, mais ne sont pas dans son camp politique (tels les protestants Agrippa d'Aubigné et Guillaume Du Bartas). Du vivant de Ronsard, tous admettaient sa supériorité. Mais à sa mort (1585), chacun se prétend son héritier. Montaigne a raison d'ironiser : « Depuis que Ronsard et Du Bellay ont donné crédit à notre poésie française, je ne vois si petit apprenti qui n'enfle des mots, qui ne range les cadences à peu près comme eux. »

Or, entre la Pléiade naissante (vers 1550) et les années où tout le monde « ronsardise » (vers 1570-1585), le climat a changé. La conjuration d'Amboise (1560) et la répression qui la suit donnent le signal des guerres civiles. Elles vont déchirer les consciences et ensanglanter le pays pendant longtemps. L'humanisme voit ses certitudes s'effondrer. Les thèmes tragiques réapparaissent : le macabre, la souffrance, la victoire de la mort, la fragilité et l'inconstance de l'homme.

Le baroque prend son essor, tendance qui affecte les arts de la fin du XVIe au début du siècle suivant. Il se caractérise par des thèmes et par un style d'écriture.

Les thèmes sont tous liés à l'idée de métamorphose. L'univers est instable et se transforme, comme l'homme, qui a ses « saisons » et qui va à la mort. Dès lors, le monde n'est qu'illusion et apparence, vaste théâtre où chacun joue un rôle, en se masquant ou en trichant. Face à cette inconstance généralisée, la mort est la seule certitude. Elle invite les uns à se tourner vers Dieu, non sans quelque angoisse (Sponde) ; d'autres y trouvent au contraire un prétexte à jouir des plaisirs éphémères de la vie.

Le style baroque imite cette instabilité et se plaît dans le désordre, la courbe ou la torsion, en mélangeant les genres. La composition des *Essais* de Montaigne répond à ce type de composition « à sauts et à gambades ». De même, l'écriture recourt à des figures violentes (comme l'antithèse ou les constructions brisées), et à des images concrètes et impressionnantes (qui vont jusqu'à l'horrible, comme chez Agrippa d'Aubigné). Le sentiment de l'éphémère peut s'accentuer en pathétisme, mais il peut aussi inviter à une jouissance brute et immédiate. Ainsi, **Marc de Papillon de Lasphrise** (1555-1599) réalise une œuvre abondante (100 sonnets, des élégies, des chansons), vouée tout entière à l'érotisme le plus charnel. Ses *Amours* évoquent des étreintes répétées et grivoises. Sans tomber dans un tel exhibitionnisme, nombreux sont les recueils de l'époque qui chantent la sexualité, tels les « Baisers » de **Rémy Belleau** (1528-1577) dans ses *Bergeries* et ses *Amours*; ou telle la *Priapée* d'Étienne **Jodelle** (1532-1573). Les thèmes stellaires (l'amour est ascension et passage dans un infini) peuvent être eux aussi reliés à l'émoi sexuel, même lorsque le poème semble abstrait et compassé. Les *Erreurs amoureuses* (édition de 1573) du prélat-astronome-musicien **Pontus de Tyard** et les *Amours d'Hippolyte* (1573) de **Philippe Desportes** (1546-1606) le soulignent sans cesse. Face au réel décevant, le poète aspire à s'évaporer dans le plaisir ou dans l'espace, comme Icare ou Phaéton.

Philippe Desportes

« Icare est chut ici, le jeune audacieux / Qui pour voler au ciel eut assez de courage… »

Mais les guerres de Religion réveillent les thèmes de la damnation. Chaque parti promet les tourments de l'enfer. La méditation sur les fins dernières (l'eschatologie) et l'imagination de ce qu'est l'au-delà se confondent dans des poèmes souvent visionnaires. Nourrie également par la réalité vécue (les abominations de la discorde civile), cette poésie « engagée » illustre les tensions de la fin du siècle, brutales et angoissées. Théodore **Agrippa d'Aubigné** (1552-1630) est dans le camp protestant. Après la Saint-Barthélemy (1572), il devient homme de guerre et rédige ses *Tragiques*, témoignages sur l'horrible chaos de l'époque et tableaux visionnaires. Épris de Diane Salviati (nièce de la Cassandre chantée par Ronsard), il lui dédie le recueil du *Printemps*. Mais d'Aubigné y a encore recours à une imagerie hallucinante : une nature sauvage, où rôdent la mort violente et les signes macabres ou morbides (arbres desséchés, squelettes, le feu et le sang). Ses poèmes « engagés » et amoureux se confondent ainsi dans un « style tragique », chantant l'homme martyr (de sa foi, de sa passion), livré à un univers-carnage. Ce fond funèbre et torturé crée une poésie d'apocalypse. Ce pessimisme se convertit parfois en fantaisie haineuse (contre ses ennemis catholiques), en pamphlet et en caricature. La cour des Valois devient un théâtre baroque, peuplé de dépravés et de grotesques, monde inversé et pervers. Œuvre fougueuse et imaginative, la poésie de d'Aubigné devra attendre Hugo (celui des *Châtiments*, par exemple) pour trouver une descendance à sa mesure.

Agrippa d'Aubigné

« Je veux peindre la France une mère affligée, / Qui est, de ses deux bras, de deux enfants chargée… »

Autre exemple de déchirement, **Jean de Sponde** (1557-1595), passé du protestantisme au catholicisme, suspect aux deux partis. Isolé, instable, souvent persécuté, il semble aller de crise en crise et n'écrire que pour résorber ses contradictions : « Je sens dedans mon âme une guerre civile. » Les *Sonnets sur la mort*, publiés dans *Essai de quelques poèmes chrétiens* (1588) dénoncent la duperie des choses de ce monde et méditent sur l'attente de Dieu. Leur écriture, pleine d'images inattendues, de paradoxes et d'effets musicaux, est un modèle de l'écriture baroque.

Jean de Sponde

« Mais si faut-il mourir, et la vie orgueilleuse, / Qui brave de [nargue] la mort, sentira ses fureurs… »

LES RECUEILS INCONTOURNABLES

Clément Marot, *Œuvres complètes*, GF, 2007.

Maurice Scève, *Délie, object de plus haulte vertu*, Classiques Garnier, 1996.

Louise Labé, *Les Œuvres complètes de Louise Labé*, Cahiers Textuel, n° 28, 2005.

Joachim Du Bellay, *Œuvres poétiques*, Classiques Garnier, 1993.

Pierre de Ronsard, *Les Amours*, Le Livre de poche, 1993.

Le XVIIe siècle

L'instabilité baroque*, image du temps

Dans la période qui va de l'assassinat d'Henri IV (1610) à la reprise en main du pouvoir par Richelieu (vers 1640), la France traverse des conflits internes, alors qu'elle sort à peine des guerres de Religion. Les familles féodales affichent des prétentions dissidentes face au pouvoir royal. Après la soumission de La Rochelle (1627), Richelieu s'emploie à restaurer un État fort et actif. Mais la tendance anarchique, frondeuse et imaginative, ne s'éteint pas. Après 1643, la régente Anne d'Autriche s'appuie sur Mazarin. Une fois passé l'euphorie des premiers mois d'une régence libérale, tous les opposants se coalisent : la vieille noblesse, qui espère sauvegarder ses prérogatives ; la bourgeoisie, qui veut défendre ses droits ; les parlements locaux ; le petit peuple affamé. On dresse des barricades à Paris (26 août 1648). La Fronde va aboutir à une véritable guerre civile, jusqu'en 1652, tandis que les conflits extérieurs, avec l'Espagne, dans les Flandres, s'amplifient.

Cette toile de fond aide à comprendre le baroque, qui valorise mutation, inconstance, trompe-l'œil et mouvement. Pour contrecarrer les valeurs du protestantisme, la Contre-Réforme catholique crée des lieux capables d'impressionner les sens et l'affectivité, d'où le goût du monumental, de l'exhibition, de la richesse décorative. La sensibilité baroque joue des antithèses et des images contrastée. Dans les arts, notamment la peinture (Rubens), cette sensibilité se manifeste par des perspectives tournantes, et une composition foisonnante. Les formes littéraires qui se développent sont liées à ce goût. En poésie, les auteurs privilégient les thèmes fantastiques : les déchirements de la nature humaine et l'attente de Dieu (d'Aubigné, Jean-Baptiste Chassignet, Jean de La Ceppède) ou les forces de l'illusion, du masque, de l'éphémère, de la magie (Pierre de Marbeuf, Étienne Durand, Nicolas Vauquelin des Yvetaux, Jean de Lingendes, Pierre Motin, Marc-Antoine de Saint-Amant, Théophile de Viau).

Une seconde Renaissance

La période 1600-1650 est fertile en poésies. Certes, il s'agit souvent d'auteurs mineurs, malgré quelques fortes personnalités. Seul Malherbe s'imposera vraiment, mais il devra son succès à son refus du désordre baroque. Il sera le seul poète « préclassique » du moment.

À la suite d'Agrippa d'Aubigné, qui publie ses *Tragiques* en 1616, la poésie, comme toute la culture du temps, reste influencée par la religion. Les déchirements politiques ont accentué le sentiment de l'homme divisé et incapable de vérité. On a rompu avec les hantises médiévales (le diable, la fin du monde, le Jugement dernier), mais on en revient à une méditation sur la mort. Les vers funèbres abondent : visions, « tombeaux », consolations, regrets. Il s'agit de donner à voir une physiologie de la mort. D'où des thèmes et des images macabres, des corps putréfiés, des squelettes, des ossements, des agonies. Cette imagerie pathétique rejoint l'esthétique baroque de l'émotion et du tragique. Dans ce domaine, citons **Pierre Motin** (1566-1614), qui écrit des *memento mori* (« souviens-toi qu'il faut mourir ») ; **Jean-Baptiste Chassignet** (1578-1635), qui cache son pessimisme dans *Mépris de la vie et consolation contre la mort* ; **Pierre Mathieu** (1563-1621), qui développe le thème « Nous naissons pour mourir » dans ses *Tablettes de la vie et de la mort* ; **Jean de La Ceppède** (1548-1623), qui médite sur la passion du Christ dans ses *Théorèmes spirituels*.

Même la poésie d'amour prend une teinte particulière, insistant sur les ravages versatiles du sentiment. « Et l'amour et la mer ont l'amer pour partage », écrit Pierre de Marbeuf. L'image de la tendresse durable cède la place à la passion exaltée, douloureuse et complexe. Pour l'exprimer, le poète a recours à une écriture tourmentée, riche d'images et de comparaisons. Le baroque trouve dans la poésie un mode d'expression privilégié, où l'on s'abandonne à la virtuosité et à l'ingéniosité, avant de finir par une « pointe », c'est-à-dire un trait d'esprit recherché et surprenant. Ces auteurs, amateurs de brio, ont pour nom **Pierre de Marbeuf** (1596-1650), **Claude de Malleville** (1597-1647), **Charles de Vion Dalibray** (1600-1653), **Jean-François Sarasin** (1614-1654).

Théophile de Viau (1590-1626) est un vivant exemple de l'esprit insoumis et changeant du baroque. Cadet de Gascogne, huguenot, il vient à Paris après avoir suivi une troupe de comédiens ambulants. Il s'entoure d'une compagnie de joyeux drilles, vivant de poésie et de plaisir. Suspect dès 1619, il retrouve la faveur de Louis XIII en se convertissant au catholicisme, par prudence. Mais en 1623, accusé de poésie licencieuse, de « sodomie » et de blasphème, il est condamné à être brûlé vif, sentence commuée en bannissement à perpétuité. L'œuvre de Théophile de Viau eut un grand succès auprès de sa génération, car elle incarne les vues sceptiques et spontanées de l'homme baroque qui refuse les bornes et certitudes établies au profit de l'imagination, vagabonde et curieuse de tout.

Au reste, il faut bien vivre : les poètes pratiquent les formes officielles (odes aux Grands de ce monde, poèmes de circonstance, vers d'apparat, « jeux floraux », « académies », etc.). Derrière cette façade, ils redécouvrent un désir d'intimité. Les recueils s'intitulent « Solitudes », évoquent larmes et soupirs, chantent les beautés de la nature sauvage – naguère réputée affreuse. Outre Théophile de Viau, **Tristan L'Hermite** (1601-1655) et **Antoine Girard de Saint-Amant** (1623-1661) sont experts dans cet art d'évoquer les beautés naturelles. Ils insistent sur les sensations de l'homme face au mystère de la nature. Les thèmes principaux sont ceux de la métamorphose (donc des saisons), de l'incompréhensible merveille de l'univers (astres, arcs-en-ciel, vents et marées), de ses fulgurances (l'éclair, les lucioles) ou de sa magie (les nocturnes, les ruines, les lieux funèbres ou hantés). Même des proches de Malherbe, comme **François Maynard** (1582-1646) ou **Honorat de Racan** (1589-1670), ont su toucher un large public en versifiant des « pastorales » où le lyrisme prend la nature à témoin, d'une manière qui nous fait aujourd'hui penser aux écrivains romantiques.

Pierre de Marbeuf

« Et l'amour et la mer ont l'amer pour partage… »

Théophile de Viau

« Quand tu me vois baiser tes bras / Que tu poses nus sur les draps… »

M.-Antoine G. de Saint-Amant

« *Assis sur un fagot, une pipe à la main…* »
« *Ô que j'aime la solitude ! / Que ces lieux sacrés à la nuit, / Éloignés du monde et du bruit, / Plaisent à mon inquiétude !…* »

François Maynard

« *Déserts où j'ai vécu dans un calme si doux…* »

Honorat de Racan

« *Tirsis, il faut penser à faire la retraite, / La course de nos jours est plus qu'à demi faite…* »

Fin de partie : Malherbe

Malherbe (1555-1628) est un notable provincial, fils d'un magistrat de Caen, qui arriva à se frayer un chemin jusqu'à l'entourage royal pour y rédiger des vers de circonstance. Au service d'Henri IV, puis de Louis XIII, il chante les événements politiques : *Prière pour le roi Henri allant en Limousin, Ode à Louis XIII allant châtier les Rochelois*. Mais cet art officiel oblige Malherbe à se démarquer de l'esprit du temps. À l'exubérance, volontiers brouillonne, de l'esthétique baroque, Malherbe oppose un art ordonné, une langue policée, des séries de strophes parfaites. Ses sujets exigent un art plus régulé : il s'agit de louer la politique de l'ordre, de la religion unique, du pouvoir centralisé. Bon gré mal gré, Malherbe défend un art de la composition rigoureuse, et finit par se faire reconnaître comme une sorte de « maître » des lettres. Les classiques (Boileau : « Enfin Malherbe vint… ») le verront comme un prophète.

Malherbe, cependant, n'a laissé aucun recueil théorique ni défini aucun style nouveau. Il a seulement commenté les œuvres de Desportes parues en 1609. Ses remarques manuscrites, critiquant les pédantismes, ne font pas une doctrine, mais traduisent une recherche poétique nouvelle, bientôt imitée de tous. En défendant la simplicité, Malherbe s'adapte à son public. La nouvelle aristocratie est souvent fruste. Pour plaire à cet auditoire, il faut une poésie dont la forme se simplifie et dont les thèmes sont immédiatement perceptibles. L'idéal de clarté et de rigueur, cher à Malherbe, aboutit à une langue sobre qui récuse les mots vieillis ou les néologismes. Il condamne les jeux de mots, les effets appuyés (hiatus, allitérations, enjambements), pour sauvegarder un principe d'harmonie raisonnable. Il annonce le laboratoire moderne d'un Valéry.

François de Malherbe

« Ta douleur, Du Périer, sera donc éternelle… »
« Beauté, mon beau souci, de qui l'âme incertaine / A comme l'océan son flux et son reflux… »
« Il n'est rien de si beau comme Caliste est belle… »

De la fabrique littéraire des précieux au classicisme*

La préciosité est une tendance dont on trouve des traces dans toute l'Europe au début du XVIIe siècle et qui pousse au paroxysme des manies baroques : virtuosité verbale, goût de la pointe, images étonnantes. L'écriture va de trouvailles en surprises. L'influence de l'étranger s'exerce de tous côtés : d'Italie, avec le « marinisme » (du nom du poète Marino, qui séjourna à Paris entre 1615 et 1623) ; d'Angleterre, avec l'« euphuisme » (du nom d'un héros de John Lily, romancier anglais mort en 1606) ; d'Espagne, avec le « cultisme » de Luis de Gongora (1561-1627), poète cordouan.

Ce goût est inséparable de l'aristocratie, qui méprise les mœurs bourgeoises et tout ce qui semble « commun ». Le brio de la conversation, la subtilité, l'esprit, l'élégance du langage viennent afficher une distinction sociale. Le précieux cherche le raffinement outrancier et étincelant, fondé sur la rareté de son expression. Il vise le mot inouï, une langue épurée de toute trivialité, une phrase riche en détours. Cette ambition, snob et parisianiste, a imposé une esthétique qui s'épanouit en poésie. Les précieux se retrouvent dans des salons, des petits cercles fermés – on disait des *ronds* –, des chambres d'apparat – les *ruelles*. La convivialité mondaine s'y déploie avec ses civilités affectées, sa forte conscience de classe, ses jeux de société et ses divertissements littéraires. Et les femmes y recouvrent respect et considération. Les précieux sont souvent des précieuses.

Pendant quarante ans, entre 1620 et 1660, le salon précieux le plus en vue s'est tenu à l'hôtel de Rambouillet. Catherine de Vivonne (1588-1665), surnommée l'« incomparable Arthénice » (anagramme de son prénom), marquise de Rambouillet, y reçoit les plus brillantes intelligences de son temps et diverses générations d'écrivains. Les jeux et querelles font travailler l'écriture, devenue sujet d'expérience ou outil de conversations dialectiques élaborées. Comme le feront au début du XXe siècle les groupes surréalistes, les précieux jouent sur les pouvoirs et les chances d'« exercices de style ». La récréation devient création.

Trois pratiques prédominent : la poésie galante (on écrit par exemple des « blasons », courtes pièces qui chantent un aspect de la femme aimée) ; les « bouts rimés » (sous forme de brèves énigmes ou de variations sur le même modèle : 25 sonnets sur la mort d'un perroquet !) ; enfin le portrait. Cet exercice psychologique contraint à trouver le trait qui touche juste, la formule pénétrante ou lumineuse : La Rochefoucauld, Mme de Sévigné et Mme de Lafayette se sont entraînés à ces ébauches qui vont ouvrir la voie au genre des « caractères ». On s'est moqué de ces précieux « ridicules », mais au-delà du snobisme et des chicaneries, cet art vise à un dépassement. Il témoigne du développement de l'instruction, du goût des belles-lettres. **Vincent Voiture** (1598-1648), homme d'esprit attitré du salon de Rambouillet, fut un professionnel du badinage. Mais ses poèmes mondains, pleins d'humour, eurent des imitateurs, tel La Fontaine.

Jean de La Fontaine (1621-1695), comme Corneille, couvre le siècle, et sa poésie reflète donc des influences multiples : « Diversité, c'est ma devise. » Il a commencé sa carrière dans le milieu des salons littéraires et en a gardé le goût d'un humour, d'abord fort licencieux, dans ses *Contes* notamment. Mais ensuite, il évolue vers le moralisme et la sagesse désabusée du classicisme. Ses *Fables* (publiées entre 1668 et 1694) illustrent une excellence poétique, un joyau au cœur de la période classique. Ce chef-d'œuvre a réussi le tour de force de donner beauté et dignité à un genre peu relevé ou pauvrement scolaire. C'est le propre du génie que de métamorphoser la plus modeste des expressions en inimitable perfection.

Échos cornéliens

Entre 1640 et 1660 environ coexistent le baroque et l'esthétique que l'on nommera « classique ». Ces deux formes d'expression alternent chez Corneille, tandis qu'une codification du langage et une normalisation des formes littéraires s'amorcent, avec la création par Richelieu de l'Académie française (1635). Grâce à sa longue vie et à son abondante production, **Pierre Corneille** (1606-1694) incarne bien cette dualité et ces évolutions. Il a su se concilier plusieurs types de spectateurs. Il a voulu plaire au grand public (les « mondains ») et aux doctes. Il a réinventé la comédie et imposé un style tragique. La fameuse querelle du *Cid* reflète les tensions entre ces deux publics. Et c'est avec la tragédie historique, tel *Horace* (1640), que Corneille réalisa finalement une synthèse qui puisse toucher tout le monde.

Son théâtre se fonde sur l'esthétique de l'admiration. Guidé par une morale de la « générosité », le héros voue son énergie à un désir de dépassement (politique, moral, religieux) et à des vertus chevaleresques (courage, honneur, force). Cet élan glorieux le place dans des situations extrêmes qui l'obligent à des choix. D'où une division intérieure, un dilemme, vécus dans une forte souffrance qu'il faudra surmonter. Dans le conflit cornélien (entre honneur et amour, entre gloire et tendresse, entre devoir et désir), le héros n'hésite pas. Rodrigue s'engage résolument dans son rôle de vengeur ; Horace préfère son patriotisme à sa famille ; Polyeucte sacrifie son amour pour sa femme à sa foi. Dès lors, le héros cornélien est surtout un homme de volonté, et sa parole versifiée exprime cette détermination.

Le Cid (1637), *Horace* (1640), *Cinna* (1642) et *Polyeucte* (1643), pièces maîtresses du théâtre cornélien, sont aujourd'hui lus comme des recueils de morceaux de bravoure poétique, qui font partie de l'héritage culturel le plus largement partagé.

Pierre Corneille

« *Marquise, si mon visage / A quelques traits un peu vieux…* »
« *L'amour est un tyran qui n'épargne personne.* »
« *Je suis jeune, il est vrai ; mais aux âmes bien nées / La valeur n'attend point le nombre des années.* »
« *Ô rage ! Ô désespoir ! Ô vieillesse ennemie !* »

« Percé jusques au fond du cœur / D'une atteinte imprévue aussi bien que mortelle… »

« Soyons amis, Cinna, c'est moi qui t'en convie… »

« Jamais nous ne goûtons de parfaite allégresse / Nos plus heureux succès sont mêlés de tristesse. »

La beauté tragique

La critique moderne a cherché à comprendre l'œuvre de **Racine** (1639-1699) en y voyant l'écho de sa vie personnelle. Un orphelin formé par des jansénistes, qui rompt avec ce milieu édifiant, pour conquérir, après le succès d'*Andromaque* (1667), la gloire et la protection du roi. Ingrat et ambitieux, Racine ne manqua pas d'ennemis et dut affronter des cabales (celle de *Phèdre*, surtout). En 1677, il devient historiographe, puis « gentilhomme ordinaire » de Louis XIV. Il se réconcilie avec ses anciennes valeurs, renoue avec le théâtre pour des œuvres pieuses et éducatives (*Esther* et *Athalie*). Lutte contre le destin, empreinte janséniste, rapports humains conflictuels, volonté de puissance, histoires d'amour complexes : le rapport entre la vie et l'écriture semble étroit chez le « tendre et cruel Racine ».

Cette vue est illusoire. Le théâtre tragique repose sur un système dramatique précis que Racine n'invente pas. Pendant cinq actes en vers, un personnel de princes et de rois fait son malheur et l'exprime en une série de discours réglés. La dramaturgie impose un déroulement préétabli. À l'intérieur de cette structure, l'auteur utilise les « catégories » esthétiques définies par Aristote (384-322 av. J.-C.) : le dramatique (le personnage se débat, lutte pour modifier l'issue de la pièce, il se croit libre et le spectateur adhère passagèrement à cette fiction) ; le pathétique (le personnage est écrasé par le malheur, le destin, et l'exprime par la plainte mélodieuse du ton élégiaque) ; l'épique (grandeur exaltante ou désolante d'actions héroïques, d'événements liés à l'histoire ou aux mythologies d'un peuple, la guerre de Troie, par exemple) ; enfin, le tragique proprement dit (l'obstacle est le plus fort, le personnage ne peut rien sur l'action qui progresse inexorablement). Racine essaie diverses variations. À l'unité lisse et calme de *Bérénice* succède le harem sanglant de *Bajazet*. À la fidélité et à la tendresse incarnées par Andromaque répond le désir d'adultère et d'« inceste » de Phèdre.

À l'univers de calculs, d'instincts, de monstruosité de *Britannicus* s'opposent générosité, sens du sacrifice et du devoir dans *Iphigénie*.

Le génie du dramaturge tragique repose sur une conciliation difficile : comment formuler les passions extrêmes, comment rendre supportables pour le spectateur de telles horreurs ? Le style de Racine procède de l'« euphémisation » (l'art de dire agréablement) ; il change l'abomination en parole touchante, émue, délicate. D'où une écriture nette, lisse, claire, où alternent l'élégie (la mélodie des cœurs blessés) et la poésie pure (harmonie des sons, richesse des images, rythmes imitatifs). La langue tragique a recours à des périphrases, des allusions, des métaphores qui servent d'artifice pour voiler les pulsions, dans un effet de *sourdine*.

Enfin, la langue racinienne crée la « distance » tragique. Les héros sont distants (rois, princes, héros mythologiques) et le langage contribue à illustrer leur statut social, créant un décorum. On utilise le mot noble (« coursiers » pour « chevaux », « poudre » pour « poussière ») ; on a recours au pluriel poétique (« vos fureurs », « mes alarmes », « vos courroux ») ; on personnifie les abstraits (« une fierté qui craint d'être importune ») ; on place l'adjectif avant le nom (« amoureuses lois ») et l'on choisit un adjectif d'appréciation morale à côté de sentiments forts (« juste terreur », « juste fureur ») ; on allie des mots qui devraient s'opposer (oxymore) pour styliser l'expression affective (« tranquille fureur », « funeste plaisir », etc.). Cette grandeur a son revers, car la convention littéraire n'empêche nullement la cruauté des êtres. Ainsi le spectateur ressent-il un décalage entre l'esthétique du langage et la nature des hommes. L'ironie tragique et le pessimisme y trouvent un aliment : on a beau parler comme un héros ou un roi, on n'en reste pas moins un pauvre homme égaré et misérable.

Jean Racine

« *Dans l'Orient désert, quel devint mon ennui…* »

« *Pour jamais ! Ah, Seigneur, songez-vous en vous-même / Combien ce mot cruel est affreux quand on aime…* »

« *Je ne t'ai point aimé, cruel, qu'ai-je donc fait ?* »

« *Eh bien connais donc Phèdre et toute sa fureur…* »

« *Ah ! Ne puis-je savoir si j'aime, ou si je hais ?…* »

« *C'était pendant l'horreur d'une profonde nuit. / Ma mère Jézabel devant moi s'est montrée…* »

LES RECUEILS INCONTOURNABLES

Théophile de Viau, *Œuvres poétiques*, Classiques Garnier, 2008.

François de Malherbe, *Poésies*, Société des textes français modernes, 1999.

Jean de La Fontaine, *Fables*, Le Livre de poche Classique, 1990.

Le XVIIIᵉ siècle

Raison et émotion

Avec les Lumières, la littérature devient raisonneuse et philosophique, tandis que la poésie se confine dans des jeux de salon ou dans des formes légères. Mais ce rationalisme n'est qu'une apparence. Il est bousculé sans cesse par des contre-courants qui valorisent la sensation et le sentiment. Diderot, au moment de l'*Encyclopédie*, exige qu'une œuvre d'art sache « émouvoir avant tout ». Cette tendance se confirme pendant toute la seconde partie du siècle, comme le prouve le succès de *La Nouvelle Héloïse*, le roman sentimental de Jean-Jacques Rousseau, le plus grand tirage de l'époque. Le mythe du « bon sauvage », le retour à la nature, l'exotisme et la littérature utopique développent ensemble une réhabilitation du cœur et de la sensibilité. Il suffit de lire l'article « Génie » de l'*Encyclopédie* pour saisir comment un lettré voit l'inspiration : un besoin puissant et quasi sensuel qui excite l'imagination, permettant au créateur, par le truchement d'une émotivité exacerbée, d'atteindre une connaissance supérieure. Cette rupture par rapport au classicisme produit une apologie de l'enthousiasme, de l'improvisation et de l'épanchement. Ainsi se forme une esthétique dite « du sublime », sorte d'envol dans et par l'émotion artistique. Un goût s'impose qui transparaît en peinture avec des compositions dramatiques, voire pathétiques, sur fond de ruines ou d'orages. Au théâtre, un nouveau genre, le drame, se tourne vers le sentimentalisme moralisateur. Le mouvement est général. Bien d'autres formes littéraires exaltent le moi, comme l'autobiographie, les romans par lettres ou les ballades à la manière des *Rêveries du promeneur solitaire* de Jean-Jacques Rousseau, quasi-inventeur du poème en prose.

Jean-Jacques Rousseau

« Tout est flux continuel sur la terre. Rien n'y garde une forme constante et arrêtée, et nos affections qui s'attachent aux choses extérieures passent et changent nécessairement comme elles… »

De la mélancolie à l'utopie*

La mélancolie redevient un thème à la mode. Diderot, dans ses *Lettres à Sophie Volland*, parle des *vapeurs anglaises*, du *spleen*, terme qui s'imposera au siècle suivant. Prémonition du *vague des passions* et du *mal du siècle*, les correspondances féminines nous montrent un « mal des salons ». Mme Roland (1754-1793), future égérie des Girondins et guillotinée comme telle, écrit un *De la mélancolie* (1771). Les lettres de Julie de Lespinasse (1732-1776) à son amant Guibert révèlent une exaltation morbide et une attirance pour le désespoir. Mme Du Deffand (1697-1780), solitaire et désabusée après une brillante carrière mondaine, quasi aveugle, se prend de passion pour le romancier anglais Horace Walpole (1717-1797) et lui adresse des lettres désespérées, pleines d'une désillusion sans remède.

Les poètes vont s'inspirer de ce climat moral. Ils se laissent prendre à une peinture de la tendresse et de la nostalgie. Trois poètes, nés outre-mer, font rêver à des îles lointaines et ressuscitent l'élégie, genre amoureux et plaintif. Ce sont **Nicolas-G. Léonard** (1732-1785), né en Guadeloupe, aux accents langoureux ; **Antoine de Bertin** (1752-1790), né à l'île Bourbon (devenue La Réunion), dont les *Amours* ont une tonalité tragique ; et **Évariste de Parny** (1753-1814), né aussi à l'île Bourbon : ses *Poésies érotiques* annoncent directement Lamartine qui s'en est inspiré.

À côté de ces poètes de l'exotisme nostalgique, une autre poésie de la sensibilité prend son essor, la poésie descriptive. En chantant la nature, le poète célèbre en réalité les effets des paysages sur l'âme. Il se complaît dans les ruines et dans les jardins, propices à une méditation sur le passage du temps. Citons **Saint-Lambert** (1716-1803) et ses *Saisons* ; ou **Jacques Delille** (1738-1813) et ses *Jardins*. Le thème de la vie qui fuit, lieu commun littéraire, est aussi réveillé chez des poètes comme Charles-Louis de Malfilâtre (1732-1767) ou Nicolas Gilbert (1750-1780), auteur d'*Adieux à la vie*. Ces écrits font cause commune avec les livres d'utopie, une des marques les plus constantes du XVIIIe siècle, depuis la traduction par Antoine Galland des *Contes des mille et une nuits*, parue en 1704, jusqu'aux rêveries régressives de Rousseau, imaginant à Clarens (dans sa *Nouvelle Héloïse*, 1761) une société agraire idéale, en attendant les civilisations exotiques ou les fictions futuristes de Nicolas Restif de La Bretonne, Louis-Sébastien Mercier ou Jean-

François Marmontel. Cet idéalisme dépaysant sera synthétisé par le dernier best-seller du siècle, *Paul et Virginie* (1788) de Henri Bernardin de Saint-Pierre.

Nicolas-G. Léonard

« *Campagne d'Arpajon, solitude riante / Où l'Orge fait couler son onde transparente…* »

Antoine de Bertin

« *Pour moi, d'épais troupeaux blanchissaient les campagnes, / Mille chevreaux erraient suspendus aux montagnes / Et l'Océan, au loin…* »

Évariste de Parny

« *Calme des sens, paisible indifférence, / Léger sommeil d'un cœur tranquillisé…* »

Jacques Delille

« *Il est des soins plus doux, un art plus enchanteur. / C'est peu de charmer l'œil, il faut parler au cœur…* »

Chénier, unique en son genre

Chénier (1762-1794) est unique en son genre et fait figure d'isolé dans ce siècle ratiocinant. Même en son temps, il fut perçu comme le seul poète important du siècle, si l'on entend par poète un écrivain qui manie les vers. **André Chénier**, né à Constantinople d'une mère qui se prétendait grecque, semblait prédestiné à chanter, lui aussi, la nostalgie d'un monde lointain où, fuyant la décadence de la société, l'homme peut retrouver le bonheur naturel. Très influencé par Rousseau, il prétend restaurer la poésie d'autrefois : « Sur des pensers nouveaux, faisons des vers antiques. » Il aspire à une expression naïve et spontanée, cherche une parole sincère face à l'usure et aux trahisons du langage. Ses thèmes sont donc empruntés à l'Antiquité (mythologie, cadre méditerranéen, âge d'or), et ses titres renvoient aux genres des Anciens (*Élégies, Bucoliques, Odes, Iambes*).

Un tel désir de régénérer la langue suppose de nouvelles contraintes. Chénier a beau affirmer que « l'art ne fait que des vers, le cœur seul est poète », son œuvre donne une impression d'artifice et de complication, surtout pour celui qui ignore la mythologie grecque. Mais, sonore et musicale, elle fait entendre une belle mélodie : elle ne raconte pas, elle chante. Voilà pourquoi Chénier s'intéresse à des sujets qui se prêtent à la mélopée, à l'incantation, comme, par exemple, les plaintes qui accompagnent un deuil. La poésie évoque la beauté perdue, remémore un idéal brisé (*La Jeune Tarentine*).

Enthousiasmé par la Révolution, Chénier eut l'imprudence de s'engager. Antijacobin, il sera guillotiné le 25 juillet 1794, deux jours avant la chute de Robespierre. Dans sa prison, il s'éprend d'Aimée de Coigny, condamnée comme lui. Le thème de la vie brisée et de la mort menaçante n'est alors plus littéraire mais bien réel (*La Jeune Captive*). Cette fin du poète a créé sa légende. Ses poèmes, inédits de son vivant, paraîtront en 1819, édités par H. de Latouche, et ils ont bien survécu, Chénier, comme Chatterton, étant idéalisé par les jeunes romantiques en incarnation de l'homme de génie persécuté.

André Chénier

« Fanny, l'heureux mortel qui près de toi respire / Sait, à te voir parler et rougir et sourire / De quels hôtes divins le ciel est habité… »
« Elle a vécu, Myrto, la jeune Tarentine… »
« Comme un dernier rayon, comme un dernier zéphyr… »
« Qu'un stoïque aux yeux secs vole embrasser la mort, / Moi je pleure et j'espère ; au noir souffle du Nord / Je plie et relève ma tête… »

LES RECUEILS INCONTOURNABLES

Jean-Jacques Rousseau, *Les Rêveries du promeneur solitaire*, GF, 1997.
André Chénier, *Poésies*, Gallimard, coll. « Poésie », 1994.

Le XIXe siècle

Un retour en force

Entre 1820 et 1850, la poésie connaît une période faste et féconde. Les publications se succèdent, avec des tirages importants. Les grands maîtres de la poésie sont des hommes connus, adulés, engagés dans la vie publique. Cette explosion est liée au sentiment général selon lequel l'Histoire s'accélère : la génération de Chateaubriand et Napoléon, qui avait une vingtaine d'années en 1789 et qui s'achèvera vers 1850, aura tout traversé. Face aux changements, le « moi » s'analyse et cherche un ancrage. La poésie, épanchement du cœur et bercement de l'âme, exprime à la fois le désarroi et la consolation.

Cette poésie repose moins sur l'originalité de la forme (malgré des réussites mélodiques et un souci de musicalité) que sur ses thèmes. Car la poésie se fixe une grande ambition : dire tous les états d'âme d'une conscience saisie par le vertige du temps. D'où le recours systématique au « Je ». Sujet et destinataire du poème, le poète s'exprime et se libère. Délaissant la spéculation ou les théories esthétiques, il ne se réclame que de la sincérité, de l'émotion vécue. Mais le langage a du mal à transcrire une telle subjectivité. Le poète doit donc nourrir son inspiration d'images mystérieuses, de rêves, d'impressions. L'intimité n'empêche pas le libre vagabondage de l'imagination et une stylisation emphatique.

Cette poésie du moi peut devenir introspective et se complaire dans les fantasmes, les angoisses, les « chimères ». Mais, pour les grands romantiques, parler de soi, c'est encore parler du monde. Dans notre intimité retentit l'écho de tout ce qui est humain. Ainsi glisse-t-on vers une poésie qui s'affirme militante, exprimant la souffrance de tous et la conscience des hommes. Le poète se fait missionnaire et guide. En approfondissant la vérité sensible d'un être, la poésie dévoile la conscience historique partagée. C'est en prolongeant cette idée de l'unité mystérieuse du Moi et du Monde que Baudelaire (à travers le thème des « correspondances ») et les symbolistes verront la poésie comme révélation du sens caché des choses.

La mélopée lamartinienne

Alphonse de Lamartine fait partie de cette jeunesse aristocratique née avec la Révolution (1790-1869), déchue, et condamnée à l'inaction sous l'Empire. Cette oisiveté crée des êtres blasés, presque dépressifs face à une destinée sans gloire. La Restauration ramène l'espoir. C'est à cette époque que Lamartine s'éprend d'une jeune femme (son « Elvire ») qui mourra deux ans après leur rencontre au lac du Bourget (tel est le sujet du poème « Le Lac »). Engagé dans une carrière diplomatique, député, ministre, Lamartine dirige le gouvernement provisoire de 1848. Son échec aux présidentielles, face au prince Napoléon, le renvoie à l'amertume de son adolescence. Endetté, il se transforme en « galérien des lettres » et écrit des œuvres de circonstance.

Les *Méditations poétiques* (1820) reçoivent un accueil enthousiaste et annoncent le renouveau de la poésie française. Lamartine se délecte des thèmes de l'intimité perdue : grotte, forêt, barque, « vallon » forment des espaces clos, maternels, affranchis momentanément du temps. Mais le prestige de la poésie lamartinienne tient surtout à son effet incantatoire : « J'étais comme le musicien qui a trouvé un motif et qui se le chante tout bas. » Le « chant » de Lamartine a été loué unanimement. Il est vrai qu'il permettait à ces poèmes, où s'opérait la synthèse de tous les goûts du moment, d'être aisément mémorisés. Le lyrisme de Lamartine transformait en mélodies les lieux communs du mal de vivre, de l'homme emporté *sur l'océan des âges*.

Encouragé par les nombreuses rééditions des *Méditations*, Lamartine a accentué la tonalité religieuse et mystique de sa poésie avec les *Harmonies poétiques* (1830). Les thèmes principaux y sont les merveilles de la Création, le mystère de l'homme dans l'infini des temps, la Providence, l'au-delà. De même, *Jocelyn* (1836) forme une gigantesque épopée de 10 000 vers animée d'un souffle mystique. Il s'agit de l'histoire d'un jeune prêtre qui lutte pour sa foi et meurt en odeur de sainteté, ayant su renoncer aux amours humaines (pour une Laurence) et se consacrer au bien de l'humanité. Jocelyn fit penser au poète lui-même, qui allait se lancer dans un autre sacerdoce, politique celui-là. Car, comme tous les grands auteurs romantiques, Lamartine ne fut pas un doux rêveur, mais un homme d'action dont la vraie passion fut politique.

« Ainsi, poussés vers de nouveaux rivages [...] Un soir, t'en souvient-il, nous voguions en silence [...] Ô temps, suspends ton vol... »
« Mon cœur, lassé de tout, même de l'espérance... »
« Salut, bois couronnés d'un reste de verdure... »

Le bazar romantique

Ce que l'on appelle le romantisme* est d'abord un carrefour de personnalités disparates qui se sont, par la suite, séparées ou opposées. Comme toujours, le mouvement s'est cristallisé autour d'un refus, celui des contraintes classiques, des règles académiques établies. Il a tâché ensuite de se donner une doctrine et une cohérence. Les premiers textes théoriques furent publiés dans un périodique, *La Muse française*, dirigé par Émile Deschamps, à partir de 1823. Hugo et Vigny y donnent leurs premiers poèmes. On y loue Byron ou Shakespeare. Mais c'est l'érudit **Charles Nodier** (1780-1844), bibliothécaire de l'Arsenal, qui crée un véritable cercle autour de lui : écrivains, musiciens, plasticiens se rencontrent et débattent. Nodier, très influencé par la culture allemande (comme Mme de Staël), a lui-même écrit des contes fantastiques, comme *Smarra* (1818), *Trilby* (1822) et *La Fée aux miettes* (1830).

C'est le journal *Le Globe* qui va permettre de mettre en forme les idées nouvelles jaillies à l'Arsenal, toutes dominées par la recherche d'une liberté en matière de goût et le désir de renouveau (« le beau, c'est le laid », affirme même Victor Hugo). Ces principes sont résumés par Hugo dans la préface de sa pièce *Cromwell*. Il réunit alors, avec son ami Sainte-Beuve, un « cénacle » (1827-1830) très actif. Tous les écrivains de sa génération l'y rejoignent. La « bataille d'Hernani » sera le grand événement dans l'histoire du cénacle, qui revendique *la liberté dans l'art, la liberté dans la société*. Dans cette mouvance, la personnalité de Victor Hugo s'impose. Une vogue est née. Des jeunes gens s'affichent avec un gilet rouge, signe de ralliement aux idées nouvelles. D'autres préfèrent une tenue bohème et des cheveux longs. On les surnomme Bousingos ou Jeunes-France.

Désormais, le romantisme est à la mode. On ne sait pour autant ce qu'il est précisément, sinon un individualisme forcené. L'artiste ne doit suivre que son inspiration (sans se soucier du bon goût ou des usages) ;

il doit renoncer au style contourné (et « déniaiser l'alexandrin »), pour proposer des images hardies et neuves ; il doit se laisser prendre par la passion et la révolte. Cet individualisme peut évidemment se fondre dans diverses tonalités : la mélancolie, la violence fantastique, l'imagination féerique, le mysticisme, la projection dans le passé (le Moyen Âge surtout), l'anarchie. Enfin, il s'applique à tous les genres, qu'il réactive : la poésie (lyrique), le théâtre (sous la forme du drame) et le roman (historique et autobiographique).

Rien n'est donc plus contraire au romantisme que l'esprit de système. Des esprits divers et des œuvres hétéroclites s'en réclament. D'où le phénomène des auteurs dits « mineurs », typique de cette période. On ne sait trop comment classer certains écrivains, malgré l'étiquette qu'ils se donnent de « romantiques ». Par exemple, comment définir le lyrisme évanescent et intimiste de **Marceline Desbordes-Valmore (1786-1859)** ? Ses élégies, ses *Pauvres Fleurs* et autres *Bouquets et Prières* ont enchanté les salons des années 1830. Mais sa naïveté thématique et sa musicalité sont plus proches de Verlaine que de l'ampleur hugolienne. Les gloires éphémères sont nombreuses, devant lesquelles le lecteur moderne reste embarrassé : les *Myosotis* d'**Hégésippe Moreau (1810-1839)** ou les sonnets de **Félix Arvers** (1806-1850), dont il ne reste dans nos mémoires qu'un seul vers, « Mon âme a son secret, ma vie a son mystère ». D'autres auteurs, enfin, s'inscrivent dans des traditions différentes : Auguste Brizeux (1806-1858) chante son terroir breton. Des satiriques iront même jusqu'à se réclamer du romantisme tout en étant, au fond, des chansonniers ou des pamphlétaires, comme **Béranger** et **Auguste Barbier** ; Hugo lui-même n'a pas reculé devant ce style. Le romantisme est une tendance qui se prête à l'extension et à l'éclatement, ce qui permettra à Sainte-Beuve cette définition laconique : « J'appelle *classique* le sain et *romantique* le malade. »

Marceline Desbordes-Valmore

« J'ai voulu se matin te rapporter des roses… »

A.-Félix Arvers

« Mon âme a son secret, ma vie a son mystère… »

Une incarnation des errements romantiques, Musset

Alfred de Musset (1810-1857) est l'un des plus jeunes disciples de Nodier. À dix-huit ans, il participe aux discussions du cénacle et éblouit son auditoire avec ses *Contes d'Espagne ou d'Italie*. Né dans un milieu aisé et cultivé, lui-même élève brillant, c'est un instable, souvent cynique, incapable de prendre vraiment au sérieux les grands idéaux romantiques. Il leur préfère d'autres époques (la Renaissance, notamment) et affiche une totale indépendance de créateur, méprisant toute forme d'engagement public. Cet individualisme le conduit à une forme d'ironie et d'incertitude. Ses poèmes dédramatisent la « mission » du poète (en quoi il s'oppose à Hugo). Une telle dépréciation n'empêche pas le lyrisme, bien au contraire : Musset souligne la solitude du poète, sa douleur et son inquiétude fondamentale. La liaison brève et décevante qu'il eut avec George Sand acheva de l'installer dans l'amertume et la crise.

Les Nuits (1835) et, plus encore, la *Confession d'un enfant du siècle* (1836) traduisent ce mélange de passion et de scepticisme. Son théâtre tout entier est également inspiré par le thème de l'impossibilité du bonheur. *Les Nuits* montrent même une complaisance au malheur, un masochisme de dépressif. La poésie ne peut consoler de la souffrance (*Nuit de mai*) et de la bêtise. Le poète n'a qu'un frère, la Solitude (*Nuit de décembre*) ; tout n'est qu'illusions et passades (*Nuit d'août*) ; « l'homme est un apprenti, la douleur est son maître » (*Nuit d'octobre*). Malgré ses succès au théâtre et son élection à l'Académie en 1852, Musset tôt désabusé, puis usé avant l'âge, meurt dans la solitude, incarnation terrible des errements de la posture romantique, entre élans et négativité.

Alfred de Musset

« *J'ai dit à mon cœur, à mon faible cœur… »*
« *Poète, prends ton luth et me donne un baiser… »*
« *Mes chers amis, quand je mourrai / Plantez un saule au cimetière… »*
« *J'espérais bien pleurer, mais je croyais souffrir, / En osant de revoir, place à jamais sacrée… »*
« *Les plus désespérés sont les chants les plus beaux… »*

La gloire et l'amertume : Vigny

Issu d'une famille d'aristocrates déclassés par les événements révolutionnaires, **Alfred de Vigny** (1797-1863) est élevé dans l'orgueil de son sang et dans l'espérance d'un glorieux destin militaire. La Restauration lui permet d'entamer une carrière d'officier. Mais Vigny s'ennuie en garnison. Il se tourne alors vers la littérature. Un roman (*Cinq-Mars*, 1826) et un premier recueil poétique (*Poèmes antiques et modernes*, 1827) lui assurent une entrée dans le Cénacle romantique. Et le retentissement de son drame *Chatterton* (1835) est immense : le jeune poète, idéaliste et incompris, se suicidant à dix-sept ans, devient une icône du romantisme.

Vigny reste vaguement aigri, jamais satisfait. Malgré ces premiers succès, il se sent mal aimé et incompris, comme si ce dépit était une figure obligée de sa carrière de poète. Des épreuves personnelles (mort de sa mère, maladie chronique de son épouse, liaison orageuse avec l'actrice Marie Dorval, échecs politiques) confirment le poète dans l'amertume et le pessimisme. Sa poésie devient philosophique : elle défend la mission de l'art au service de l'humanité, réfléchit à l'absurdité de la vie humaine sans Dieu, attend la venue d'une civilisation de l'Esprit. Marginalisé et martyrisé par les hommes (c'est, comme avec *Chatterton*, le sujet de son roman *Stello*), il ne reste au poète qu'à affronter stoïquement la mort (« La Mort du loup »), tout en délivrant un message pour les générations futures (le recueil *Les Destinées*, le poème « La Bouteille à la mer »). Élu, après plusieurs échecs, à l'Académie (1846), battu à la députation en Charente où il réside (1848), dédaigné par Napoléon III, Vigny est mort seul en sa province, morose, continuant à dénoncer les tares de ce bas monde – qui n'en fut guère ébranlé pour autant.

Alfred de Vigny

« *Qu'elle était belle ma frégate…* »

« *J'aime le son du cor, le soir au fond des bois…* »

« *Si ton cœur gémissant du poids de notre vie […], La Nature t'attend dans un silence austère…* »

« *Gémir, pleurer, prier est également lâche, / Fais énergiquement ta longue et lourde tâche…* »

La mode noire

La vogue du conte fantastique (de Nodier et Gautier à Villiers de L'Isle-Adam et Barbey d'Aurevilly) montre à quel point le XIXe siècle se passionna pour le bizarre et l'ésotérique. Divers auteurs mineurs se réclamèrent du romantisme « noir » ou « frénétique ». Épris de tout ce qui est mystérieux, spirite ou occulte, ils ont poursuivi les tendances illuministes de la fin du XVIIIe siècle et se sont nourris des traditions fantastiques allemandes (Novalis, Hoffmann). Hugo lui-même a été passionné de tables tournantes. La mode « noire » a exercé son influence sur le mouvement romantique tout entier : contes de Gautier, romans médiévaux de Hugo, goût du surnaturel et fascination pour les superstitions (Nodier, Mérimée). Ces thèmes se prolongeront : le déviant et l'obscur resteront chers à des poètes comme Baudelaire ou Lautréamont, et à des conteurs sombres comme Maupassant, lui-même mort fou.

Vivant souvent dans la précarité, passant pour illuminés, les romantiques noirs sont des auteurs mineurs. **Xavier Forneret** (1809-1884), surnommé « l'homme noir blanc de visage », est une de ces figures, génie délirant, agité, inégal, dont les œuvres se présentent comme des visions et des rêves hallucinés (*Vapeurs, ni vers ni prose*, 1838). **Petrus Borel** (1809-1859), dit « le lycanthrope » (le loup-garou), que les surréalistes admireront plus tard, pratique lui aussi une écriture baroque et flamboyante, dans des poèmes (*Rhapsodies*, 1832), des contes (*Champavert, Contes immoraux*) et des romans mystérieux (*Madame Putiphar*).

Parmi ces bizarres, l'inventeur le plus intéressant est **Aloysius Bertrand** (1807-1841). Quasiment ignoré de son vivant, il a laissé un recueil de poèmes en prose (dont Baudelaire se réclamera), *Gaspard de la nuit*, sous-titré *Fantaisies à la manière de Rembrandt et de Callot*. Ces textes forment un répertoire des thèmes en vogue dans le courant « noir » des années 1830 : cadre médiéval, sujets fantastiques et énigmatiques, mélange du sentimental et du grotesque, magies et diableries. Le plus intrigant reste la langue, au ton de chanson *vintage*, imagée, expressive et mélodique. Bertrand, artiste discret mais très original, est le premier promoteur, en France, du poème en prose.

Petrus Borel

« *Sous le soleil torride au beau pays créole…* »

Aloysius Bertrand

« *Écoute ! – Écoute ! – C'est moi, c'est Ondine qui frôle de ses gouttes d'eau…* »

Aux franges de la folie

Frôlant, par leurs lubies, le paranormal, ces poètes passaient pour des dérangés, voire des fous. Le diagnostic s'applique à **Gérard de Nerval** (de son vrai nom Gérard Labrunie), personnage étrange et inclassable (1808-1855). Élevé dans la solitude, à la campagne (dans le Valois), lecteur érudit d'écrivains allemands (il a même traduit le *Faust* de Goethe), féru de toute littérature ésotérique, il semble tourné vers l'inconnu, le mystique, le surnaturel. Ce tempérament religieux se manifeste dans ses exaltations : sa folle passion amoureuse pour l'actrice Jenny Colon (qui s'en moque bien) ; son obsession du voyage pour trouver « ailleurs » la paix de l'âme et le sens caché du monde (*Le Voyage en Orient*) ; sa volonté de fondre en une seule mystique toutes les religions (syncrétisme), depuis les cultes païens (grecs, orientaux, égyptiens) jusqu'aux mythes chrétiens (la Vierge, en particulier). Nerval, qui s'engage totalement sur la voie de l'irrationnel, se tourne vers les grands « illuminés » qui l'ont précédé et il quête, dans les légendes folkloriques de son Valois, l'image unifiée et idéale de la femme aimée (mère, déesse, fée, sainte, diablesse). *Sylvie* est le récit de l'écrivain à la recherche de son identité, recomposant le « puzzle » des passions, des souvenirs, des influences.

Ces démarches accompagnent et nourrissent, chez Nerval, un profond dérèglement mental. Plusieurs crises de folie l'assaillent. Soigné par le docteur Blanche, à Passy, il pratique l'écriture comme une thérapie. Son roman *Aurélia* (1855) est une analyse de la folie, considérée comme un moyen créateur, permettant à l'artiste d'atteindre l'au-delà, le monde des songes et de la beauté cachée. Mais l'écriture ne parviendra pas à sauver Nerval de son malheur : on le retrouva pendu alors qu'il achevait la rédaction d'*Aurélia*. La recherche nervalienne trouve une forme ramassée et accessible de Nerval dans sa poésie. Ses *Chimères* (1854) forment un recueil de sonnets mystérieux, d'une beauté plastique obsédante, où la poésie révèle les sortilèges d'un monde de « correspondances ». Il est clair que Nerval y poursuit la quête de sa propre identité (« Je suis le Ténébreux, – le Veuf, – l'Inconsolé »).

Mais il serait réducteur de lire Nerval en pensant seulement à sa démence privée. Son œuvre atteste une tendance plus profonde et plus durable, celle de l'art qui refuse d'être récupéré par le rationnel et l'utilitaire. Alors que la société bourgeoise célèbre, à l'Exposition universelle de 1855, la victoire des forces matérielles, les artistes revendiquent l'irrationnel : Hugo fait tourner les tables à Jersey, Lamartine se plonge dans l'érudition mythologique, Baudelaire se prépare à être condamné comme « malade » (1857). Nerval ne fait donc que résumer et pousser à l'extrême la déception et la fuite vers un « ailleurs », vécues par la génération perdue du romantisme. À cet égard, on pourrait rapprocher l'attitude de Nerval de celle d'écrivains comme **Maurice de Guérin** (1810-1839), dont les cahiers intimes, vrais poèmes en prose, sont pleins de religiosité et de mythes complexes ; ou comme Théophile Dondey, dit **Philothée O'Neddy** (1811-1875), poète extravagant, libertaire et morbide. Tous ont cultivé une forme d'asocialité comme principe créateur. Rimbaud, poète maudit, n'est pas loin.

Gérard de Nerval

« *Je suis le Ténébreux, – le Veuf, – l'Inconsolé… »*
« *La connais-tu, Daphné, cette antique romance… »*
« *Elle a passé la jeune fille / Vive et preste comme l'oiseau… »*
« *Souvent dans l'être obscur habite un Dieu caché… »*

« Une force qui va », Hugo

Victor Hugo (1802-1885) a eu très tôt conscience de son génie. Couronné à quinze ans par l'Académie française, à dix-sept ans par les jeux floraux de Toulouse, il écrit son premier grand roman à vingt ans (*Bug-Jargal*) et crée avec ses frères une revue, *Le Conservateur littéraire*. Avec pour ambition d'« être Chateaubriand ou rien », il publie les *Odes et Ballades* (1822), très lamartiniennes. Le voilà lancé et prêt à en découdre. Agacé par les commentaires critiques sur son roman *Han d'Islande*, il écrit un drame, *Cromwell*, dont la retentissante préface va devenir le credo des romantiques. Dès lors, et jusqu'à sa mort à l'autre bout du siècle, il s'installe dans la figure du chef, du porte-parole, de l'« écho sonore », du poète missionnaire, au génie proliférant et chaleureux. Associé à tous les événements politiques et littéraires de son temps, Victor Hugo est un homme de passion et de conviction, capable de s'exprimer dans tous les registres, du « sublime » au « grotesque ». Il n'est pas d'expression artistique où il n'ait excellé : dessinateur génial, tribun énergique, romancier puissant, virtuose de la versification, fantaisiste plein d'humour (ses *Chansons*), chroniqueur émerveillé, etc. La personnalité de Hugo s'est, en quelque sorte, imposée à ses contemporains. D'une santé robuste (grand marcheur, mangeur, buveur, amant infatigable), il aimait la société et les échanges. Toujours entouré, très attaché à sa famille, correspondant sans cesse avec tous les artistes, il semble omniprésent. Un sentiment aigu de sa supériorité et une autorité naturelle créent également cette ubiquité : il aime être populaire, ne refuse pas les honneurs, s'enthousiasme facilement pour toute cause humanitaire ou politique. Avec le temps, il ne doute plus d'être le messager de Dieu parmi les hommes, ce que suggèrent les termes de « rêveur sacré », au « front éclairé », de « mage », de « prophète ». À côté de ces vanités, qui paraissent ridicules ou enflées aujourd'hui, Victor Hugo a été un homme essentiellement généreux, plein de pitié pour les enfants et les faibles, scandalisé par la misère, ami du peuple. Ce n'est donc pas un hasard s'il est resté notre poète le plus populaire.

Cette omniprésence n'est pas seulement affaire de tempérament. Hugo considère que la poésie est une exigence de totalité, que son domaine est illimité. Le poète est une sorte d'explorateur universel. De là viennent la diversité de ses recueils et aussi l'aspect disparate d'un même recueil, qui peut passer de la confidence intime et murmurée à l'éloquence et au plaidoyer. Hugo a même la conviction que le vers (la poésie) est un langage absolu. La poésie ne reproduit pas la réalité (objective ou intime), elle la fait naître. Le poème impose des formules, productrices de sens. Dès *Les Orientales*, Hugo, qui n'a jamais vu l'Orient, crée une féerie visionnaire, un climat grec, espagnol ou arabe. Le vers produit l'illusion mimétique. L'imagination, faculté maîtresse de Victor Hugo, n'est pas ici décorative : elle impose la vision. Dessinateur lui-même, Hugo aime le concret qui impressionne : la foule-mer, la bataille-fournaise, le ciel-moisson, etc. Mais l'image sert surtout à rendre présent l'abstrait, à visualiser la pensée : l'âme-alambic, le remords-œil, la mort-faucheuse, etc. Méthode analogique donc, qui n'échappera pas à Baudelaire, parlant de Hugo comme du poète de *l'universelle analogie*. Ainsi, l'image devient vision ; elle fait parler ce qui n'est pas, ce qui se tait, ce qui est ineffable (l'Infini, le Néant, la Mort, Dieu). Le poète donne à voir « ce que dit la Bouche d'ombre » (*Les Contemplations*) et perçoit que « tout vit, tout est plein d'âme ». Cette démarche peut aboutir à l'hallucination, à la transe. Mais elle est surtout l'occasion pour Hugo de vulgariser une religion (les desseins du Dieu d'amour dans sa Création) et une espérance (la victoire du Bien sur le Mal).

Hugo ne s'est pas contenté de vociférer contre la tyrannie. C'est un lutteur. Avec la même énergie que dans le domaine des arts, où il a tout bousculé, il s'est aventuré sur le terrain politique. Déjà très célèbre, il est élu député en 1848 et soutient Louis-Napoléon. Mais le coup d'État qui crée le Second Empire le scandalise. Il s'exile et refusera de revenir en France – malgré une amnistie – jusqu'en 1870 (« Et s'il n'en reste qu'un, je serai celui-là »). C'est que Victor Hugo se faisait, à juste titre, une haute idée de sa mission. Malgré de très graves soucis personnels (surtout dans les années 1835-1845), il s'est senti des devoirs envers la nation. Son évolution vers la pensée socialiste n'est que la continuité de son amour du peuple, qui l'emporte chez lui sur tout autre sentiment. Les prises de parti de Hugo ont motivé la plupart de ses grandes œuvres. Dès 1831, un roman comme *Notre-Dame de Paris* réfléchit sur la fatalité qui conduit les marginaux et les miséreux à l'échec et à la mort. La belle bohémienne Esméralda, le hideux Quasimodo, l'archidiacre obsédé Frollo sont emportés par un destin terrible. La même fatalité pèse sur l'amour humain dans *Ruy Blas*, chef-d'œuvre dramatique de Victor Hugo. Plus nettement encore, *Les Misérables* dénoncent un ordre social injuste, qui dégrade l'homme et rend quasi impossible leur rachat à ses victimes.

Enfin, Hugo a aussi écrit sous la dictée de sa « muse-indignation ». *Châtiments* se déchaîne contre Napoléon « le petit », l'usurpateur, condamnant le coup d'État sanglant, ridiculisant les profiteurs ralliés au régime, saluant les opprimés, les prolétaires, les opposants. Très en verve, virulent, Hugo a pu ainsi élever l'invective et la détestation à la dimension épique. *Châtiments*, d'ailleurs, s'achève par des prophéties annonçant la victoire de la liberté et le progrès assuré des temps futurs. Pendant son exil, Hugo s'est intéressé à l'occultisme et, surtout, au spiritisme. Ses expériences ont pu contribuer à alimenter sa veine mystique. Les deux grands recueils de cette période féconde, *Les Contemplations* et *La Légende des siècles*, révèlent une réflexion sur le destin, personnel et collectif. Hugo est obsédé par l'existence du Mal et cherche à en concilier l'existence avec sa foi en Dieu. Sa méditation métaphysique aboutit à un véritable système de pensée : la matière est imparfaite et pousse à la chute, au mal ; l'esprit est perfection, appel à l'élévation, au bien. La vie humaine est tiraillée entre ces deux forces. L'homme est « double ». Ce leitmotiv hugolien explique aussi bien ses théories esthétiques (le mélange du sublime et du grotesque) que sa recherche du salut religieux. Le poète fuit l'abîme, il est aspiré vers Dieu, il est « mage ». Son action contribue à élever l'humanité entière vers la réconciliation et la bonté universelles.

Dès les années 1860, certains esprits critiques se sont moqués de ces idées fumeuses. Les salons proches de Napoléon III disaient qu'Hugo était devenu « bête » ou un peu « dérangé ». Il reste que cette méditation hugolienne a donné deux chefs-d'œuvre. *Les Contemplations* sont « les mémoires d'une âme, de l'énigme du berceau à l'énigme du cercueil » : *Aurore* (I), *L'Âme en fleur* (II), *Les Luttes et les Rêves* (III), *Pauca meae* (« quelques vers pour ma fille », IV), *En marche* (V), *Au bord de l'infini* (VI). Les thèmes inextricables de l'amour et du malheur se retrouvent dans l'« épopée cosmique » de *La Légende des siècles*. Hugo veut y retracer l'histoire de l'humanité, son ascension vers Dieu, vers la Science et vers l'Amour. Mélangeant les légendes bibliques, médiévales et diverses mythologies antiques, Hugo fait se succéder des tableaux saisissants. On va d'« Ève à Jésus », de Rome à l'Orient, du Moyen Âge au temps présent. Ainsi la poésie cherche-t-elle à redonner un sens à la vie et à l'Histoire.

Victor Hugo

« *La lune était sereine et jouait sur les flots…* »
« *Ce siècle avait deux ans ! Rome remplaçait Sparte…* »
« *Mes deux frères et moi, nous étions tout enfants. / Notre mère disait : jouez, mais je défends / Qu'on marche dans les fleurs et qu'on monte aux échelles…* »
« *Le vent qui vient à travers la montagne / Me rendra fou !…* »
« *Elle avait pris ce pli, dans son âge enfantin…* »
« *Demain, dès l'aube, à l'heure où blanchit la campagne…* »
« *Booz s'était couché, de fatigue accablé…* »
« *Mon père, ce héros au sourire si doux…* »
« *… Le geste auguste du semeur.* »

Assagissements nécessaires

Ancien « jeune loup » de l'avant-garde romantique, **Théophile Gautier** (1811-1872) a vite manifesté une certaine ironie à l'égard de l'ostentation romantique. À l'instar de Musset, il perçoit le ridicule des théories qui présentent le poète comme un inspiré divin éclairant les humains. Il répugne à la confidence personnelle et se méfie de la frénésie. Sans le savoir, il prépare un retour au formalisme, c'est-à-dire à une poésie plus insouciante du réel mais attaché à une beauté plastique. Gautier commence par dénoncer l'utilitarisme : « Il n'y a vraiment de beau que ce qui ne peut servir à rien ; tout ce qui est utile est laid » (préface de son roman *Mademoiselle de Maupin*, 1836). Il en vient ensuite à célébrer la gratuité de la beauté, poursuivie pour elle-même, conquise à force de travail. Cette théorie, qu'il nomme « l'art pour l'art », impressionnera beaucoup les symbolistes et, avant eux, Baudelaire, qui dédiera à Gautier ses *Fleurs du mal*.

Gautier n'a pas rompu pour autant avec le romantisme. Il continue, en profondeur, à mal supporter la réalité triviale. Il cherche l'évasion. Auteur de contes fantastiques et de romans qui jouent sur le dépaysement (*Le Roman de la momie, Le Capitaine Fracasse*), il est amateur d'idéal. L'art pour l'art n'est qu'une des formes concrètes d'une attitude particulière face au monde, faite d'insatisfaction, de nostalgie, de refus. On voit donc que « l'antiromantisme » de Gautier est, à sa façon, un prolongement du malaise de sa jeunesse. Les deux recueils poétiques de Gautier (*España* et *Émaux et Camées*) paraissent dans les années 1845-1855, au tournant du siècle. C'est le moment où triomphent partout l'idéologie bourgeoise et le positivisme. L'art pour l'art se veut donc anticonformiste. Il défend l'idée d'une aristocratie de l'esprit, qu'il place au-dessus d'un monde utilitaire jugé répugnant. Il se veut désengagé, pur, solitaire, n'accordant même pas aux autres le plaisir d'une confidence ou d'une indiscrétion. Le culte de la forme conduit le poète à devenir un « orfèvre », un « ciseleur », un « décorateur » ou un « sculpteur ». Ainsi, bien malgré lui, Gautier est un homme de son temps, qui célèbre la supériorité de la technique.

Admirateur de Gautier, **Charles René Marie Leconte de Lisle** (1818-1894) va pousser plus loin encore la négation du lyrisme, se refusant à se conduire en « montreur ». Né à La Réunion, venu en France pour des études de droit qui l'ennuient, il reste habité par ses souvenirs ultramarins. Sa révolte contre le réel le conduit d'abord à militer chez les utopistes, en disciple de Fourier. Mais l'avènement du Second Empire brise ses illusions. Il se replie alors sur la poésie. Logiquement, l'œuvre de Leconte de Lisle célèbre un passé légendaire (*Poèmes antiques*, 1852) et les charmes de l'exotisme (*Poèmes barbares*, 1862). Mais elle est surtout marquée par la virtuosité, comme pour signifier la supériorité de l'artiste, à la fois splendide et distant. Leconte de Lisle va chercher (chez les hindous, les Grecs, les peuples disparus ou les cités inaccessibles) de quoi témoigner de son dégoût de l'époque. Mais son brio n'est guère serein. Son parti pris d'objectivité s'effondre avec son « bestiaire ». Les hommes sont comme les fauves. Leconte de Lisle reste obsédé par la violence fondamentale du monde ; c'est moins le mépris qui domine ici que l'angoisse et le pessimisme.

Leconte de Lisle, dans ses préfaces, était un doctrinaire de l'art savant et impersonnel. Après 1860, ces théories vont se répandre. Il devient banal de se moquer du romantisme, comme le fait **Catulle Mendès** dans la *Revue fantaisiste*. En 1866, l'éditeur Lemerre commence la publication d'un recueil, *Le Parnasse contemporain*. À côté de Baudelaire, Verlaine ou Mallarmé qui y font leurs débuts et évolueront différemment, on retrouve tous les poètes défenseurs du formalisme (Gautier, Leconte de Lisle, etc.). Ils se nomment **les Parnassiens**. Le Parnasse* est cette montagne, située près de Delphes, où sont censés résider Apollon et ses Muses. Le Parnassien cherche à atteindre les sommets, la luminosité, l'« apollinisme ». Mais cet idéal commun n'empêche pas les différences propres aux divers tempéraments des hommes. **Théodore de Banville** (1823-1891), quoique parfois assez proche de Baudelaire (*Les Exilés*, 1867), cultive une virtuosité étincelante : c'est un jongleur (*Odes funambulesques*, 1857) qui connaît toutes les « ficelles » du métier (*Petit Traité de versification française*, 1872) et qui semble constamment faire un « pied de nez » à ses lecteurs. Au contraire, d'autres paraissent plus contemplatifs. René François Armand Prudhomme, dit **Sully Prudhomme** (1839-1907), premier prix Nobel en 1901, garde une tendance moralisatrice et inquiète (*Solitudes*, *Vaines Tendresses*), et sombrera dans d'ingrats poèmes philosophiques (*La Justice*, *Le Bonheur*). **François Coppée** (1842-1908) cultive une veine plus populaire et plus sentimentale (*Les Intimités*, *Les Humbles*). À de rares exceptions près, les Parnassiens sont aujourd'hui oubliés (Dierx, Des Essarts, Lahor, Glatigny, Bouilhet, Ménard).

Seul disciple qui ait vraiment survécu, **José-Maria de Heredia** (1842-1905) a publié tardivement (1893) ses *Trophées*. D'origine cubaine, ce chartiste est un érudit et un archéologue. Comme Leconte de Lisle, il rêve de civilisations disparues et fait la revue des « ailleurs ». Dans le cadre rigoureux et limité du sonnet, il cisèle des vers sonores, choisissant le mot rare ou ancien, variant les rythmes et la couleur. Le dernier vers produit souvent un effet de chute impressionnant ou triomphal. *Les Trophées* forment le « butin » poétique le plus étincelant de l'art parnassien.

Théophile Gautier

« Oui, l'œuvre sort plus belle / D'une forme au travail / Rebelle… »
« On ne voit en passant par les Landes désertes… »
« Soulève ta paupière close / Qu'effleure un songe virginal… »

Leconte de Lisle

« Midi, Roi des étés épandus sur la plaine… »
« Les roses d'Ispahan, dans leur gaine de mousse… »
« Offre un encens modeste aux Lares familiers… »

Théodore de Banville

« Ses yeux sont transparents comme l'eau du Jourdain… »
« Viens. Sur tes cheveux noirs jette un chapeau de paille… »
« … Et la Muse aux beaux yeux chante dans l'eau des sources. »

François Coppée

« … Est-ce que les oiseaux se cachent pour mourir ? »
« Vous êtes dans le vrai, canotiers, calicots… »

José-Maria de Heredia

« Comme un vol de gerfauts hors du charnier natal… »
« Le choc avait été très rude. Les tribuns / Et les centurions, ralliant les cohortes… »

Synthèse et anticipation : Baudelaire

Brisé par la mort prématurée de son père, révolté par le remariage de sa mère, vite tenté par la bohème et la débauche, usé dès la quarantaine, **Charles Baudelaire** (1821-1867) est souvent étudié à travers sa biographie, comme si l'œuvre reflétait exactement le drame de la vie. Malgré sa relative pertinence, cette approche ne rend pas justice au fait que Baudelaire fut d'abord un intellectuel, un lecteur, un critique. Bon connaisseur de la poésie romantique, admirateur de Victor Hugo, lié au Parnasse (ses *Fleurs du mal* sont dédiées à Gautier), il a gagné sa vie comme journaliste, « homme de lettres » et critique d'art. Et c'est d'abord en se situant par rapport à ses prédécesseurs qu'il a inventé une manière nouvelle, matrice de toute la poésie « moderne » (adjectif qu'il chérissait). Baudelaire n'est pas un tiède mais il capte aux deux sources. Certes, l'enthousiasme des romantiques l'impressionne : il en retient un lyrisme tragique, le goût pour l'horrible et le mystérieux, le besoin d'épancher son ennui ou sa révolte. Mais il sait bien aussi que la sensibilité ne suffit pas. Il croit, comme Gautier, que la poésie est maîtrise du langage, musique, renouvellement des formes. L'esthétique baudelairienne est donc une combinaison entre romantisme et formalisme, le résultat d'une réflexion rigoureuse et approfondie sur les fonctions de l'art. Cet art nouveau, Baudelaire le nomme « modernité » et il le cherche partout : chez les peintres (Delacroix, Manet ou Cézanne), chez les compositeurs (Wagner), chez les écrivains (Chateaubriand, Hugo, Gautier), ou même dans un comportement délibérément individualiste, le « dandysme ». Baudelaire s'affirme, comme Constantin Guys qu'il célèbre dans *Le Peintre de la vie moderne* (1863), en héritier et en précurseur.

Le grand recueil poétique de Baudelaire, *Les Fleurs du mal* (1857), fit scandale et valut un procès à l'auteur qui dut retirer certaines pièces jugées indécentes. Sans cette affaire, l'œuvre n'aurait pas beaucoup attiré l'attention. Fraîchement reçue par les uns (Mérimée fut sévère), elle ne plut guère qu'à ceux qui compteraient plus tard (comme Verlaine ou Mallarmé). L'originalité des *Fleurs du mal* tenait à la fois à leur structure et à leur écriture.

Baudelaire a travaillé plus de dix ans sur son manuscrit et il en revendiquait, au moins, le plan rigoureux [1] :

- *Spleen et Idéal* (1 à 85) présente le poète déchiré entre la soif d'idéal (l'art, l'amour, la beauté) et la réalité déprimante de sa vie (« longs ennuis », « spleen », « angoisse »). Divers « cycles » féminins se succèdent (inspirés tour à tour par Jeanne Duval, Adélaïde Sabatier et Marie Daubrun).

- *Tableaux parisiens* (86 à 103) élargit la dualité du créateur aux dimensions de la ville elle-même, lieu à la fois horrible et fascinant.

- *Le Vin* et *Les Fleurs du mal* (104 à 117) évoquent les diverses tentations de la chair auxquelles le désespéré s'abandonne tout en aggravant ainsi son dégoût pour lui-même.

- *Révolte* et *La Mort* (118 à 126). Toute tentative d'issue ayant échoué, le poète s'insurge contre Dieu et voit la mort comme ultime consolation.

Ce plan peut être vu comme une réflexion sur la condition humaine, dont le poète est l'image tragique. Mais il exprime aussi le drame de la création et la marche obstinée de tout artiste. Baudelaire, entre Vigny et Rimbaud, développe et approfondit le thème du « poète maudit ». La vie réelle n'offre que des issues inutiles et douloureuses (ivresse, érotisme). Seule « l'ivresse de l'art est plus apte que toute autre à voiler les terreurs du gouffre ». Car l'art est « correspondance » : il relie les parties divisées de l'être (le passé et le présent, la réalité et l'invisible, la souffrance et sa sublimation). Le poète finit par surmonter les contradictions. En initié, il retrouve l'unité des choses, car « les parfums, les couleurs et les sons se répondent ». L'art est harmonie, réconciliation. En ce sens, Baudelaire est profondément un « symboliste ». Pour lui, la vérité n'a de sens qu'une fois recomposée par les mots. La poésie fait se « correspondre » tout ce qui est éparpillé, dans le tissu cohérent (et touchant) du texte poétique.

En apparence, la poétique baudelairienne n'est pas extrêmement novatrice. Les vers sont presque toujours l'alexandrin classique, les formes sont usuelles (sonnets, quatrains à rimes plates, etc.) et les

---

1. Nous reprenons ici le plan de l'édition de 1861. Mais l'édition originale de 1857 était plus rigoureusement planifiée encore, et comprenait exactement 100 poèmes (total évidemment symbolique), ainsi répartis : *Spleen et Idéal* (1 à 77) ; *Les Fleurs du mal* (78 à 89) ; *Révolte* (90 à 92) ; *Le Vin* (93 à 97) ; *La Mort* (98 à 100).

thèmes connus. Mais Baudelaire peut être entêtant et envoûter son lecteur, comme pour lui distiller son *secret douloureux* et sa *langueur*. Bien qu'il use d'un vocabulaire parfois banal, il sait le rendre obsédant, grâce aux redites (angoisse, volupté, remords, mort, destin) et à l'apostrophe directe (« Mère des souvenirs, maîtresse des maîtresses »). Quelques formes-symboles assurent la même unité lancinante, comme la *femme*, l'*idole*, la *beauté*, qui cristallisent les émotions et le sentiment ambivalent d'attirance-répulsion. Mais Baudelaire est surtout, à la suite du visionnaire Hugo, un maître de l'image-choc. Il personnifie les abstractions (Douleur, Beauté). Il cherche la représentation visuelle la plus frappante (l'angoisse chauve-souris, la femme-navire, le ciel-couvercle, la jeunesse-orage, etc.) et oblige le regard à s'y fixer (« Une charogne »). Ainsi, la poésie est une peinture, un paysage où se déploient l'imaginaire (« Les phares ») et le symbole. Car l'image suggère et organise les « correspondances » ou les sensations associées (que l'on nomme « synesthésies ») : la chevelure est parfum, le parfum est voyage, le voyage est jouissance totale, elle-même ouverture sur l'au-delà. Cet effet de glissement est soutenu par la mélodie du vers lui-même, dont le dessin rythmique est *invitation au voyage*.

Autrement dit, pour Baudelaire, imaginer n'est pas simplement faire de l'ornementation ou du décor, mais bien un moyen de dépasser la surface des choses, de vaincre leur banalité et leur résistance, d'en suggérer le désir ou le regret. Mettre en images, c'est aller du sens à l'essence, en obligeant les éléments de la réalité à s'unir pour donner le « bizarre » et le merveilleux. Comme s'il percevait que la facture versifiée ne lui permettait pas d'atteindre la véritable modernité poétique, Baudelaire s'intéressa au poème en prose. Se souvenant d'Aloysius Bertrand, il publie des textes dans diverses revues. Après d'autres titres (*Poèmes nocturnes*, *Petits Poèmes lycanthropes*, etc.), il choisit de les regrouper sous le titre de *Spleen de Paris*. L'édition complète fut posthume. Baudelaire y affirme son ambition de « faire du poème en prose la forme par excellence de la poésie moderne et urbaine ». Sans le support du vers, le poème en prose est contraint à se signaler par une structuration qui le distingue du discours commun. D'où des formes de discontinuité et de fragmentation. Le narratif s'efface au profit d'effets descriptifs (fortement imagés) ou symboliques. Le génie de l'image, propre à Baudelaire, peut se déployer totalement et, surtout, il devient adéquat aux thèmes traités : la ville (sinueuse et complexe) ; les fantasmes (informes, conflictuels) ; le monde fantastique (à la fois vrai et étrange) ; la réalité que la parole n'arrive pas à résumer simplement. Il est très frappant que Baudelaire ait repris, dans ses poèmes en prose, les thèmes de son recueil poétique, comme pour les reformuler de manière à plonger le lecteur dans le mystère de la création *anywhere out of the world* : le spleen (« L'horloge »), l'idéal (« Déjà ! »), le vin (« Enivrez-vous »), la femme (« Portraits de maîtresses ») et la mort.

Charles Baudelaire

« La Nature est un temple où de vivants piliers… »
« J'ai longtemps habité sous de vastes portiques… »
« Mère des souvenirs, maîtresse des maîtresses, / Ô toi, tous mes plaisirs, ô toi, tous mes devoirs !… »
« Voici venir les temps où vibrant sur sa tige / Chaque fleur s'évapore ainsi qu'un encensoir… »
« Là, tout n'est qu'ordre et beauté, / Luxe, calme et volupté… »
« Emporte-moi, wagon ! enlève-moi, frégate ! / Loin ! loin ! ici la boue est faite de nos pleurs !… »
« J'ai plus de souvenirs que si j'avais mille ans… »
« Sois sage, ô ma douleur, et tiens-toi plus tranquille… »
« La servante au grand cœur dont vous étiez jalouse… »
« Souvent pour s'amuser les hommes d'équipage / Prennent des albatros… »

Le symbolisme* : une nébuleuse

Tous les poètes de la fin du siècle se sont réclamés, à un moment ou à un autre, du symbolisme. Il est très difficile de tracer ici des frontières strictes. Les diverses étiquettes à la mode (« symbolistes », « romans », « décadents », « zutistes », « hirsutes », « hydropathes ») ne recouvrent aucune doctrine cohérente. Chose curieuse, les figures les plus célèbres de cette période (Verlaine, Rimbaud, Mallarmé) ont pris leurs distances à l'égard de l'appellation « symbolisme », tandis que l'école symboliste à proprement parler ne regroupe que des poètes mineurs, autour de Moréas, voire d'illustres inconnus. Ces contours flous tiennent à la pensée symboliste elle-même, qui est avant tout un refus des classifications. Face au positivisme triomphant, les symbolistes se reconnaissent en quelques idoles (Baudelaire, surtout) et refusent de voir le monde comme rationnel. Pour eux, la vérité n'est pas de l'ordre de la matière : elle se cache derrière les représentations et les signes. Puisque le réel n'est qu'apparence, il faut y renoncer en poésie. Le poète va, comme les mystiques, chercher le sens caché, faire jaillir la vérité. Dans ce but, il préférera les signes (les symboles) et les secrètes « correspondances ». D'où le privilège accordé à la suggestion (et non à la représentation) ou à la musique verbale (et non à l'expression raisonnée).

Un « symbole » est l'association de deux réalités pour produire un signe nouveau : l'espérance-étoile, par exemple. Il associe souvent une image concrète à une abstraction. Très utilisé dans le domaine religieux et philosophique (qui ne peut être autrement représentable), le symbole, en littérature, a, pour simplifier, au moins deux formes : il transpose l'idée en image ; il crée des analogies suggestives. Il implique ainsi le lecteur, invité à déchiffrer. Pour qu'il y ait suggestion, le poète symboliste fait aussi confiance à la magie musicale de la langue. Ainsi se forme une sorte d'impressionnisme littéraire et musical. Des compositeurs comme Debussy et Fauré seront liés au mouvement symboliste. Et Mallarmé résumera le symbolisme ainsi : « Reprendre à la musique notre bien. »

Tel est bien le programme de **Paul Verlaine** (1844-1896). Tout en vivant chichement comme commis à l'hôtel de ville de Paris, il a commencé par s'intéresser à l'idéal des Parnassiens. Ses premiers poèmes recherchent une forme d'impassibilité ou s'inspirent de la peinture (Watteau). Au milieu d'une époque activiste, Verlaine semble bouder les certitudes et l'agitation. Contrairement à ceux qui se révoltent (comme Rimbaud ou Lautréamont), il choisit une forme de passivité, de repli sur la vie intérieure. Les titres (« Résignation », « Lassitude », « Never more », « Nocturne ») évoquent cette intimité triste et tranquille. Pour entretenir cette introversion, la poésie cherche un bercement. L'amour est maternisé : « Sois langoureuse, fais ta caresse dormante, / Bien égaux tes soupirs et ton regard berceur. » Toute la recherche poétique se tourne vers l'effet musical, vers *La Bonne Chanson* (1870) ou vers *Romances sans paroles* (1874). Le poème calme l'angoisse et offre, contre les tumultes du monde, le refuge de la mélodie.

Après une liaison orageuse avec Rimbaud, Verlaine, condamné à deux ans de prison, fait évoluer ses thèmes vers une certaine religiosité. Converti, le poète fait le bilan de sa vie et aspire à une forme de pureté (*Sagesse*, 1881). Ces bonnes résolutions ne dureront guère, mais elles s'accordent à la conception verlainienne du vers, consolateur et nostalgique. Pour atteindre « De la musique avant toute chose » (*Art poétique*, 1884), Verlaine a eu surtout recours au vers impair et aux petites strophes, souvent avec un refrain. À la fin de sa vie, bien malgré lui, Verlaine a été considéré comme le *prince des poètes* par la génération symboliste qui voyait en lui l'un de ses pères.

Paul Verlaine

« Je fais souvent ce rêve étrange et pénétrant /D'une femme inconnue, et que j'aime, et qui m'aime… »
« Les sanglots longs /Des violons / De l'automne… »
« Votre âme est un paysage choisi… »
« C'est l'extase langoureuse, / C'est la fatigue amoureuse… »
« Il pleure dans mon cœur / Comme il pleut sur la ville… »
« Voici des fruits, des fleurs, des feuilles et des branches… »
« Écoutez la chanson bien douce / Qui ne pleure que pour vous plaire… »
« Le ciel est, par-dessus le toit, / Si bleu, si calme !… »

C'est un manifeste, tardivement paru en 1886 dans *Le Figaro*, qui formula les principes de l'école symboliste. Ce texte, écrit par **Jean Moréas** (1856-1910), poète d'origine grecque, soulignait surtout les rapports du symbolisme avec l'idéalisme : le monde visible n'est qu'un reflet du monde spirituel ; le poète est déchiffreur de signes. Ces théories n'apportaient rien de neuf, mais elles manifestaient un désir d'art nouveau et un idéal exigeant. Très désunis entre eux, les divers courants symbolistes ne produisent guère de chefs-d'œuvre, malgré une préciosité et des raffinements parfois brillants. Des snobs, par haine du vulgaire, se disent symbolistes, tel Robert de Montesquiou (1855-1921). D'autres, au contraire, veulent une langue simple et nette, voire le vers libre, comme René Ghil (1862-1925) ou Gustave Kahn (1859-1936). Le mouvement s'internationalise. Stuart Merrill (1863-1915) le fait connaître aux États-Unis (*Les Gammes*), tandis que Francis Vielé-Griffin (1864-1937), originaire de Virginie, multiplie les jeux homophoniques. En Belgique, le symbolisme est très vivace, avec des poètes comme Émile Verhaeren, Georges Rodenbach et Maurice Maeterlinck (dont le *Pelléas* sera mis en musique par Debussy).

Des personnages bohèmes gravitent autour de cette école si peu fixée. **Charles Cros** (1842-1888) pratique un humour grinçant. Homme savant et passionné de physique-chimie, il fréquente tour à tour le

Parnasse, les cafés symbolistes et les cabarets de Montmartre. Cet inventeur du phonographe (un an avant Edison) est un marginal génial, alcoolique, pessimiste et plein de drôlerie (*Le Coffret de santal*). Dans le même genre, **Tristan Corbière** (1845-1875) est un Breton maladif et instable. Ses *Amours jaunes* (1873) mettent à mal les poncifs de la poésie romantique, avec beaucoup d'humour. Ses calembours, ses hardiesses rythmiques et lexicales font penser à Laforgue, mais Corbière se voulait surtout inclassable et subversif. Même la « décadence » lui paraissait une attitude affectée et dérisoire. Enfin, il faut citer **Germain Nouveau** (1852-1920), qui vécut une aventure avec Rimbaud (1874) avant de finir comme clochard mystique. Dernier avatar de l'école symboliste : l'école romane. Jean Moréas, revenant sur ses premières théories, est repris par la nostalgie de son pays natal, la Grèce (il s'appelait Papadiamantopoulos). Il décide de renouer avec l'Antiquité, avec sa discipline et son idéal de clarté. Ses *Stances* (1899) illustrent ce retour à l'ordre lumineux de la beauté méditerranéenne. Son disciple **Charles Maurras** imitera ce style et en profitera pour dénoncer définitivement les errements des premiers symbolistes, pas assez énergiques et patriotes à son goût.

Charles Cros

« À notre époque froide, on ne fait plus l'amour… »
« Il était un grand mur blanc – nu, nu, nu… »

Maurice Rollinat

« La biche brame au clair de lune / Et pleure à se fondre les yeux… »

Germain Nouveau

« Quand je mourrai, ce soir peut-être, / Je n'ai pas de jour préféré… »

Le docte et/ou le sauvage

D'abord admirateur de Baudelaire, **Stéphane Mallarmé** (1842-1898), professeur d'anglais de son état, est un insatisfait. Le réel lui paraît laid et mesquin, la vie trop répétitive (« La chair est triste, hélas, et j'ai lu tous les livres »). Il rêve d'« azur », d'un ailleurs mystique ou esthétique. Cette attitude de refus et de perfectionnisme va peu à peu se formuler en théorie poétique. Convaincu que tout a déjà été dit, que chaque vers risque d'être une banalité de plus, Mallarmé est hanté par la peur de la stérilité. Pour échapper à cette impasse de l'ennui et de la feuille blanche, il fixe à la littérature une exigence d'absolu très élevée (*Hérodiade*, 1869). Mallarmé commence par dégager le poème de toute mission utilitaire (ni message ni fiction) pour que le langage poétique retrouve un pouvoir irradiant par lui-même. Le vers est d'abord « magie verbale », musique, incantation, harmonie bizarre (d'où son hermétisme, souvent). De cette forme sophistiquée devra émaner « l'idéalité pure » : la présence et la plénitude de l'Être seront suggérées par un style subtil et fascinant. Une telle démarche, patiemment poursuivie, a fini par conduire Mallarmé à des audaces quasi inintelligibles, mais aussi à des poèmes de plus en plus aériens, désincarnés. L'écriture ne cesse de frôler le « blanc » et le silence (*Divagations* ; *Un coup de dés jamais n'abolira le hasard*, 1897).

Mallarmé exerça un fort ascendant sur les artistes de son temps. Recevant le mardi, chez lui, à Paris, il fut sans doute mal compris, car ses disciples se révélèrent surtout des « décadents » verbeux. C'est que l'option mallarméenne est de l'ordre de l'ascèse personnelle. Elle ne saurait faire école sans se renier elle-même. Elle est inimitable. Il reste que Mallarmé a ouvert la voie à toute la poésie moderne en rappelant que l'écriture poétique est science des mots et manipulation des signes. Toute théorie littéraire moderne se réclamera désormais de lui.

Dans cette époque charnière, la poésie hésite entre la docte concoction mallarméenne ou la transgression sauvage. **Lautréamont** relève de la seconde tendance, avant que Rimbaud fasse la synthèse des deux. Né à Montevideo, venu seul à Paris, après des études sans joie à Tarbes et à Pau, Isidore Ducasse (1846-1870) meurt solitaire et inconnu à vingt-quatre ans. Il laisse, sous le pseudonyme de Maldoror, une sorte d'épopée, *Les Chants de Maldoror*, redécouverte par les surréalistes qui y verront une œuvre prophétique. Misanthrope et sombre, Lautréamont semble obnubilé par le dégoûtant et le monstrueux, d'une manière si appuyée que l'on a parfois l'impression d'un canular provocateur. Le héros des *Chants*, Maldoror, commence par assister à un naufrage sans secourir les victimes. Il abat même un jeune homme, seul survivant. L'océan devient alors l'image du Mal dont Maldoror multiplie les expériences. Il se fait « bête immonde, poulpe, cygne noir, grillon d'égout ». L'anormalité, que Rimbaud érigera en principe créateur, aboutit ici à une célébration de toutes les perversions, soutenue par une langue oratoire, fulgurante et hallucinée. Le tohu-bohu, le blasphème, le délire donnent une force étonnante à cette littérature qui dénonce toute littérature. Cette dénonciation paraît même viser sa propre production : six mois avant sa mort, Lautréamont publie, signé cette fois Isidore Ducasse, le recueil *Poésies – Préface à un livre futur*, à tous égards opposé aux *Chants*. Cinglant désaveu ou nouvelle mystification ? Ultime énigme.

Stéphane Mallarmé

« À la nue accablante tu… »
« Le vierge, le vivace et le bel aujourd'hui… »
« Ses purs ongles très-haut dédiant leur onyx… »
« La chair est triste, hélas ! et j'ai lu tous les livres… »

La rupture décisive de Rimbaud

Malgré ses liens avec les poètes de son temps, **Arthur Rimbaud** (1854-1891) est un génie brusque et solitaire, irrécupérable. Toute son œuvre (une centaine de pages au maximum) a été écrite entre quinze et vingt ans, avant une fuite et un silence définitifs. Depuis, la critique a multiplié les commentaires : en vain. Pour Rimbaud, l'écriture est une expérience de soi. Elle ne cherche pas à cerner le réel ; elle est invention sauvage et révolte. Il s'agit de *changer la vie*. Personne ne peut la refaire à votre place. Ce projet passe forcément du refus à la reconstruction. Rimbaud a commencé par ridiculiser ses prédécesseurs ou par les éblouir d'une virtuosité sidérante (« Vénus anadyomène », « Ce qu'on dit au poète à propos de fleurs »). C'est un adolescent contestataire, fugueur, en conflit permanent avec sa famille et sa ville natale (Charleville, « supérieurement idiote ») : il trace des caricatures impitoyables des manies bourgeoises (« À la musique ») et dénonce les horreurs d'un monde injuste (« Les effarés », « Les pauvres à l'église »). Les folies humaines (la politique, les superstitions, la guerre) sont maudites. Face à un univers d'« assis », il est mû par une sourde colère et un désir d'évasion.

Ce besoin de « désamarrage » est résumé par *Le Bateau ivre* (1871), allégorie de l'aventure poétique. Ce poème éblouissant attire l'attention de Baudelaire et de Verlaine, lequel invite Rimbaud. Il en résulte une liaison orageuse qui tourne mal. *Une saison en enfer* (1873) fait le bilan de cette période maudite. Mais il semble avoir déjà tout usé ; il lui faut donc trouver un autre chemin. Ce seront les *Illuminations*, recueil de poèmes en prose qui inventent un langage poétique et achèvent le voyage créateur. Les *Illuminations* sont à la fois visions et enluminures. Énigmatiques, elles brassent des images et des féeries. Le poète se meut dans un imaginaire insolite où il libère tous ses fantasmes. Monde brisé, collages, architectures démentes, chocs des contraires, transes et hallucinations, les *Illuminations* sont un réservoir inépuisable pour le lecteur. Quelle autre issue, après cette prose envoûtante et insondable, que le silence ? Aussi Rimbaud finira-t-il à la tête d'une succursale commerciale d'Abyssinie : il y vivra dix ans, et surtout du trafic d'armes.

Rimbaud a une conception très exigeante de la poésie. Comme Baudelaire, il est d'abord convaincu que le poète doit échapper à l'aliénation sociale et découvrir le vrai « Je » qui est enfoui en nous. D'où la nécessité de « l'ivresse » baudelairienne, que Rimbaud pousse à l'extrême ; le poète se livre aux expériences les plus déréglées, il « s'encrapule » le plus possible, il s'essaie à tous les excès (drogue, homosexualité, etc.), toujours en quête d'une « future vigueur ». Le « satanisme » de Rimbaud est méthodique : « Le poète se fait voyant par un long et raisonné dérèglement de tous les sens. » C'est à juste titre que l'on considère généralement Rimbaud comme un point de rupture dans l'histoire de la poésie. Il formule le premier l'illogisme propre à la création, qui naît de la déviance, de l'instinct, de la désagrégation. *L'alchimie du verbe* procède de bouleversements et de tourments. Comme il l'écrivait à Izambard : « Le poète est vraiment voleur de feu. » Toute la poésie moderne, notamment celle des surréalistes, s'en souviendra.

Arthur Rimbaud

« *Mon triste cœur bave à la poupe, /Mon cœur couvert de caporal…* »
« *Comme je descendais des Fleuves impassibles…* »
« *Par les soirs bleus d'été, j'irai dans les sentiers…* »
« *Je m'en allais, les poings dans mes poches crevées…* »

« C'est un trou de verdure où chante une rivière… »
« On n'est pas sérieux, quand on a dix-sept ans… »
« A noir, E blanc, I rouge, U vert, O bleu : voyelles… »

En marge

Vers la fin du siècle, dans les vingt années qui suivirent la débâcle, un thème s'insinua partout : celui de la décadence. C'est Verlaine lui-même qui avait imposé ce fumeux concept dans *Les Poètes maudits*, en 1884. Ensuite, la mode s'en est emparée grâce à des revues et à des artistes provocateurs, souvent en mal de reconnaissance. Ces esprits blasés, convaincus que le monde s'achève, se complaisent dans une sorte de « névrose », selon un terme à la mode. Tandis que certains s'enfoncent dans une langueur morose, une veine provocatrice trouve ici une raison d'être : des artistes un peu décalés se moquent de tout, en jouant sur l'incohérent ou le grotesque. Déjà, autour de Verlaine et de Rimbaud, en 1872, s'était constitué un éphémère « club des zutistes » qui caricaturait férocement les poètes parnassiens et pratiquait divers détournements, y compris graveleux. **Alphonse Allais** (1854-1905) émerge de cet humour-là. Mais la figure majeure de cette tendance, bientôt autoproclamée « pataphysique », sera **Alfred Jarry** (1873-1907). Il est la fois poète, romancier et dramaturge. Son *Ubu roi* (10 décembre 1896) suscita une polémique sans exemple depuis *Hernani*. Grinçante, insolite, son œuvre cherche à déconstruire, avec un goût de l'absurde qui annonce le surréalisme et le théâtre contemporain. Mais cette agitation est marginale. Le ton général est plutôt sombre, même s'il n'interdit pas l'humour noir, voire l'autodérision. L'œuvre la plus significative de cette manière est celle de **Jules Laforgue** (1860-1887) qui, atteint de tuberculose, éprouve dans son corps l'usure des temps. Désabusé, grinçant, il jongle avec les mots et exprime sur le ton de la mélancolie acerbe « la complainte » d'une génération perdue (*Complaintes*, 1885 ; *Moralités légendaires*, 1887). Une tonalité comparable, mais sans humour, résonne chez le poète flamand **Émile Verhaeren** (1855-1916) : il trace un sombre portrait du « vieux monde », notamment celui des bourgs ruraux de son enfance, et il fonde de grandes espérances sur un ordre social nouveau, la ville devenant un espace de modernité et de fraternité à la fois fascinant et inquiétant (*Les Campagnes hallucinées*, 1893 ; *Les Villes tentaculaires*, 1895).

Alphonse Allais

« … Fallait-il que je vous aimasse / Que vous me désespérassiez… »

Jules Laforgue

« Octobre m'a toujours fiché dans la détresse… »
« C'était un très-au vent d'octobre paysage… »
« Blocus sentimental ! Messageries du Levant… »
« Ah ! Que la vie est quotidienne »

Émile Verhaeren

« Toute la mer va vers la ville… »

LES RECUEILS INCONTOURNABLES

Alphonse de Lamartine, *Méditations poétiques*, Gallimard, coll. «Poésie», 2000.

Alfred de Musset, *Poésies complètes*, Le Livre de poche Classique, 2006.

Alfred de Vigny, *Poèmes antiques et modernes*, Gallimard, coll. «Poésie», 2007.

Gérard de Nerval, *Les Chimères*, Gallimard, coll. «Poésie», 2005.

Victor Hugo, *Les Orientales, Les Feuilles d'automne*, Le Livre de poche, 2000.

— *Les Chants du crépuscule, Les Voix intérieures, Les Rayons et les Ombres*, Gallimard, coll. «Poésie», 2000.

— *Les Contemplations,*Gallimard, coll. «Poésie», 2000.

Charles Leconte de Lisle, *Poèmes antiques*, Gallimard, coll. «Poésie», 1994

Marceline Desbordes-Valmore, *Poésies*, Gallimard, coll. «Poésie», 1983.

José-Maria de Heredia, *Les Trophées,*Gallimard, coll. «Poésie», 1981.

Charles Baudelaire, *Les Fleurs du mal*, Gallimard, coll. «Poésie», 1972.

Paul Verlaine, *Poèmes saturniens*, GF, 1977.

— *Fêtes galantes, Romances sans paroles*, Gallimard, coll. «Poésie », 2007.

Arthur Rimbaud, *Poésies*, Gallimard, coll. « Folio Classique», 1999.

Stéphane Mallarmé, *Poésies*, Folio, Gallimard, 1998.

Jules Laforgue, *Des fleurs de bonne volonté*, Gallimard, coll. «Poésie »,1979.

Le XXe siècle

Fin de comète

La Belle Époque, entre 1895 et 1914, reste très marquée par le maniérisme des symbolistes. Passage obligé, les jeunes écrivains bourgeois s'engagent dans la carrière littéraire en commençant par publier de la poésie. André Gide, Jules Romains, Georges Duhamel, François Mauriac se font d'abord connaître comme versificateurs. Quoique réputée genre mondain, la poésie continue donc de jouir d'un grand prestige. Les revues spécialisées sont nombreuses (*L'Occident*, *La Renaissance latine*, *Les Marges*, *Vers et Prose*, *La Phalange*, *Le Divan*), sans compter la NRF à partir de 1909. Conférences et proclamations se multiplient, à commencer par un Congrès des poètes (1901). De cette nébuleuse sortiront bientôt des personnalités exceptionnelles, comme Valéry, Apollinaire ou Claudel. De même, cette vogue, agitée et imaginative, prépare les revendications de l'Esprit nouveau ou même du surréalisme.

Mais c'est une impression de déclin qui émane de ces succédanés du symbolisme. Les écoles sont éphémères, instables et floues, les auteurs évoluant eux-mêmes assez vite. Ils passent du vernis parnassien au vers libre ou incongru, du raffinement décadent aux engagements humanistes. Cette confusion est liée aux événements d'où naîtra la Grande Guerre. L'Histoire commande. Des poètes comme **Stuart Merrill** (1863-1915) ou **Henri de Régnier** (1864-1936) semblent hésiter entre des langueurs « fin de siècle » et un désir de dire le monde moderne, insolite et attirant. Le symbolisme se prolonge surtout avec des femmes-poétesses. La plus célèbre est **Anna de Noailles** (1876-1933), passionnée et sensuelle. Ce lyrisme féminin est aussi celui de Gérard d'Houville (fille de José-Maria de Heredia) ou de **Renée Vivien** (pseudonyme de Pauline-Mary Tarn, 1877-1909), amie de Colette, lesbienne avouée, poète raffiné.

Cette survivance du symbolisme permet aussi de nouvelles formes d'écriture. C'est le cas de Pierre-Paul Roux, dit **Saint-Pol-Roux** (1861-1940). Marginal, déconcertant, aimant le mystère, il vit retiré dans un manoir breton, à Camaret. Sa poésie, fantastique, joue sur un mélange d'images brutales et baroques. Car ce poète-mage se réclame d'une mission, qu'il nomme « idéoréalisme » : le langage s'emploie à éliminer les clichés et les métaphores connues, voulant avant tout paraître surprenant ou inattendu. Cette opération annonce le surréalisme, qui rendra hommage à Saint-Pol-Roux. La vie fantasque de ce prophète s'achève dans l'horreur : les nazis pillent son château, violent sa fille, assassinent sa servante. Ce rêveur-martyr ne s'en relèvera pas. La « hideuse réalité » l'avait rattrapé.

Stuart Merrill

« *Tu vins vers moi par les vallées / Où s'effeuillaient les azalées…* »

Henri de Régnier

« *Je n'emporte avec moi sur la mer sans retour…* »

Anna de Noailles

« *Déjà la vie ardente incline vers le soir…* »

Les petits maîtres dits « fantaisistes »

Dans ces mouvances déstructurées, en attendant des chefs de file (que seront Valéry ou Breton), les « petits maîtres » s'abandonnent à une inspiration très libre. Ils affectent un mépris des règles et des doctrines, valorisant le caprice et l'humour – même s'ils sont souvent le masque de quelque détresse. Ces poètes s'attribuent le nom de « fantaisistes ». Ils font le lien entre un Laforgue et un Cocteau ou un Max Jacob. Leur plus brillant représentant est **Paul-Jean Toulet** (1867-1920). Après de longs séjours à l'île Maurice et en Algérie, Paul-Jean Toulet devient journaliste à Paris, de 1898 à 1912. Esprit caustique et impertinent, il rédige, sans d'abord les publier, des poèmes d'allure désinvolte. Visant la concision et l'ellipse, ses *Contrerimes* saisissent un instantané. Loin de l'emphase bavarde des symbolistes, ces « contrerimes » constituent une jonglerie verbale, douce-amère, minutieuse.

L'humour est poussé plus loin chez les compagnons de Toulet. **Georges Fourest** (1867-1945) tombe dans le saugrenu en parodiant des modèles littéraires et en mélangeant des registres de langue, notamment dans *La Négresse blonde* (1909). **Jean Pellerin** (1885-1921) cultive aussi le pastiche et l'ironie (à la manière de Corbière), avec *Le Bouquet inutile* (1923). Citons aussi Tristan Derême et Jean-Marc Bernard. Les fantaisistes résument leur idéal dans un manifeste signé de **Francis Carco** (1886-1958) qui préconise un retour aux simples choses de la vie. C'est aussi le vœu des « naturistes ». Admirateurs des *Ballades françaises* de **Paul Fort** (1872-1960), qui sera élu prince des poètes en 1912, les naturistes revendiquent une poésie du terroir et du patrimoine français.

Ce « naturisme » est surtout représenté par **Francis Jammes** (1868-1938), qui évoque des rapports enfantins avec la nature dans ses principaux recueils : *De l'Angélus de l'aube à l'Angélus du soir, Le Deuil des primevères, Clairières dans le ciel*. Image d'Épinal, le poème est un dessin primitif, un calque ingénu. Attaché à son Béarn natal, Francis Jammes chante la joie d'accepter les plus humbles formes de la vie. Chrétien, il voit la foi comme une adhésion généreuse et dépouillée à la création. Cette poésie de louange fit rapidement école. Le « jammisme » peut paraître innocent et naïf. En réalité, il cherche les mots qui saisissent la force touchante des éléments primordiaux (pain, eau, fruit, objets domestiques). Il annonce les patientes « fabriques » de Ponge.

Paul-Jean Toulet

« *Dans Arles, où sont les Aliscams… * »

Francis Carco

« *Il pleut – c'est merveilleux. Je t'aime. / Nous resterons à la maison* »

Paul Fort

« *Le petit cheval dans le mauvais temps, qu'il avait donc du courage !*
C'était un petit cheval blanc, tous derrière et lui devant. »

Francis Jammes

« *Quand verrai-je les îles où furent des parents ?… * »
« *J'aime l'âne si doux / marchant le long des houx… * »

Le chant du monde et la litanie des hommes

Ce retour au réel, amorcé par le naturisme, prend un tour plus radical avec la naissance d'un lyrisme social. En ce début de siècle, l'histoire est lourde de menaces. Certains penseurs, face au progrès, s'inquiètent des injustices sociales qui l'accompagnent. L'homme ne doit pas être sacrifié à la technologie ou à l'urbanisation, proclame **Jules Romains** (1885-1972). Avant d'être un romancier prolixe, il demande à la poésie de recréer un trait d'union entre les hommes. Alors que la modernité entraîne la dispersion, alors que l'art moderne fragmente ou juxtapose, Jules Romains veut dépasser ces discontinuités et ces incohérences. Il rêve de *vie unanime*, d'*unanimisme*, c'est-à-dire qu'il veut célébrer ce grand organisme uni qu'est l'humanité. Vaste rassemblement des consciences, la collectivité est « un tout réel, vivant, doué d'une existence globale et de sentiments unanimes ».

Cette forme d'engagement d'une poésie présente « dans le siècle » rompt avec la tradition verlainienne et annonce les courants modernes. L'**unanimisme**[*] a réuni de nombreux auteurs, les « amis de l'abbaye de Créteil ». On y trouve **Georges Duhamel** (1884-1966), son beau-frère **Charles Vildrac** (1882-1971), **Georges Chennevière** (1884-1924) et **René Arcos** (1880-1959). Volontiers utopistes, à la manière de Charles Fourier, les unanimistes ont surtout arraché la poésie à un narcissisme individualiste. À cet égard, on peut rapprocher de l'unanimisme les tendances sociales de la poésie belge de l'époque, notamment celle d'**Émile Verhaeren** (1855-1916), chantre de la modernité. Fasciné par le monde industriel en pleine expansion, il est l'héritier de l'Américain Walt Whitman (1819-1912) quand il chante la beauté sombre du peuple au travail (*Les Campagnes hallucinées*, *Les Villes tentaculaires*, *Les Forces tumultueuses*, etc.).

Verhaeren n'est pas seul, en Belgique. Dès 1886, Albert Mockel avait fondé la revue *La Wallonie*. Tous les poètes francophones de Belgique s'y retrouvèrent, rejoints parfois par des Français comme Gide ou Mallarmé. La revue dura huit ans. Elle permit l'essor d'un foyer poétique, particulièrement rayonnant jusqu'en 1914. Retenons surtout :

• **Maurice Maeterlinck** (1862-1949). Outre *Serres chaudes* (1889), il a collaboré avec des musiciens, en leur fournissant livret ou support, notamment avec son *Pelléas et Mélisande*, dont Debussy tira un opéra en 1902, et avec ses *Douze Chansons*, que Gabriel Fauré transforma en mélodies.

- **Charles Van Lerberghe** (1861-1907). C'est un poète anxieux et rêveur, dont les œuvres sont riches d'un imaginaire très suggestif. Ses *Entrevisions* (1898) montrent un être instable et vagabond. Lui aussi a inspiré Gabriel Fauré qui mettra en musique sa *Chanson d'Ève* (1904), poème de l'aurore du monde.

- **Georges Rodenbach** (1855-1931). Le plus parisien et le plus « rétro », d'une mélancolie un peu appuyée. Il est surtout l'auteur de *Bruges-la-Morte*, roman poétique, puis drame scénique, où il se livre à une sorte d'introspection hallucinée, tout en évoquant l'atmosphère dolente de la ville.

- **Max Elskamp** (1862-1931) est à rapprocher de la tendance « naturiste » et naïve du « jammisme », mais avec une teinte plus ascétique et dans un style insolite, volontiers archaïsant, surtout dans ses *Enluminures* (1898).

Dans ce contexte d'un retour à une poésie chant du monde, l'œuvre de **Charles Péguy** (1873-1914) occupe une place à part. Il est mort dans les premiers jours de la bataille de la Marne. Cette fin héroïque contribua à réconcilier l'opinion avec un poète aux allures de prédicateur, mal compris de son vivant. Car Péguy, sermonneur intransigeant, est un battant, exaspéré par la médiocrité et semblant perpétuellement en quête d'une lutte où s'impliquer. Ainsi le trouve-t-on tour à tour dreyfusard, nationaliste, militariste, socialiste dissident, anticlérical et militant catholique. Protestant contre tout esprit d'abandon, traquant les injustices, rédigeant inlassablement ses remontrances (dans ses *Cahiers de la Quinzaine*), il développe dans sa poésie les thèmes de sa croisade. Le poème devient incantation, appel à l'ardeur, célébration qui donne à espérer et à croire.

Issu d'un milieu très pauvre, Péguy est un homme de travail. Alors que la grande bourgeoisie domine le monde des lettres, il apporte une méfiance de paysan face aux idées modernes et face aux snobs. Détestant l'argent et le rationalisme conquérant, Péguy veut en revenir au chant de la terre maternelle. L'écriture devient avec lui une litanie ; sa ritournelle obsédante ressuscite les mélopées ancestrales et réveille l'âme populaire. Elle replonge dans les cantiques primitifs et les chansons médiévales. Ce lyrisme primaire se veut une célébration mystique et patriotique. Car Péguy craint que l'intelligence moderne ne perde ses racines. Son chant poétique (proche de la prière) implique un retour aux sources et donc au sacré. Voilà pourquoi le vers de Péguy donne le sentiment d'une procession solennelle ; il dit la certitude du croyant, sa ferveur modeste et obstinée.

Comme Péguy, **Paul Claudel** (1868-1955) est un poète croyant. Son œuvre poétique, consécutive à sa conversion de Noël 1886, aspire au dépassement, à un contact avec le sacré. Sa langue est puissante, rythmée. Grand admirateur de Rimbaud, Claudel voit le poème comme un appel, une « illumination ». Les thèmes claudéliens sont secondaires (exotisme chinois, catholicisme, culte de l'honneur, etc.). Ils peuvent passer par la prose rythmée (*Connaissance de l'Est*, 1907) ou par un lyrisme généreux (*Les Cinq Grandes Odes*, 1900-1908). L'essentiel est dans le désir de mimer la vitalité du monde et l'énergie divine qui l'habite.

L'abondance va de pair avec un tel projet. Voilà pourquoi Claudel a finalement préféré le drame scénique. Mais son verset vise aussi à un brassage immense. Ces poèmes sont très longs, féconds en images et en redites. Leur rythme imite la respiration et la voix, épouse les mouvements de la nature (vent, mer) et avance comme une pulsation incessante. Claudel suit l'« inspiration » à proprement parler, c'est-à-dire les souffles vitaux. Sa poésie se fond avec la Création, vit son rythme. Cette vraie saisie du monde, Claudel la nomme *co-naissance*. Le lyrisme claudélien chante la vie en mouvement, la joie d'être au monde, et non la connaissance elle-même, vue comme abstraite et stérile.

Charles Péguy

« Étoile de la mer voici la lourde nappe / Et la profonde houle et l'océan des blés… »

« Heureux ceux qui sont morts / Pour la terre charnelle… »

L'Esprit nouveau

Alors que la poésie du début du siècle s'ébat et se débat dans l'hétéroclite, « entre deux eaux », **Guillaume Apollinaire** (1880-1918) est le seul poète qui arrive à faire la synthèse des tendances disparates du moment et à rédiger une œuvre complète et significative. Son inspiration puise de tous côtés : lyrisme naïf et traditionnel (« Le pont Mirabeau »), cubisme (il est l'ami de Picasso), symbolisme plaintif, modernité agressive. Ce mélange des genres illustre la période, frémissante et fertile. Comme Baudelaire, Apollinaire est le poète-carrefour, intégrant les diverses formes d'originalité poétique et servant de père fondateur à toute la création moderne qui suivra. Pour se maintenir dans un état de trouvaille et pour dépasser ses premières ferveurs romantiques, Apollinaire a cultivé la raillerie, voire la provocation. Il s'amuse à piéger les clichés et à y mêler des dérapages saugrenus. Ainsi fragmentées, les images stimulent la sensibilité du lecteur et reflètent la dispersion du réel moderne, comme dans le collage cubiste.

La dualité d'Apollinaire (romantique/précurseur) est née de sa biographie. Enfant bâtard, apatride, pauvre, il cherche un passé et une identité. Cette tendance profonde à la nostalgie, il la compense par une projection continuelle dans l'anticipation. Tout ce qui est « moderne » l'épate. Comme s'il craignait toujours d'être distancé, il s'enivre du bric-à-brac moderne et adopte toute nouveauté. Déchiré entre la mélancolie rétrospective et la fièvre prophétique, c'est à tous égards un poète à la croisée des chemins. Les textes les plus célèbres d'Apollinaire ne sont d'ailleurs pas les plus novateurs. Le grand public connaît surtout son lyrisme intime, sa « Chanson du mal-aimé ». Il renoue ainsi avec la tradition populaire, et les chanteurs s'en empareront. Il avait beau se réclamer de Rabelais et de Sade, Apollinaire reste surtout le poète plaintif de la fuite du temps. Son goût des « surprises modernes » résulte du même désir d'exploiter chaque saveur d'une vie qui se disperse.

En dépit de sa diversité, l'œuvre d'Apollinaire est guidée par une théorie esthétique, la « surprise », *le grand ressort du nouveau*. La curiosité inventive, la sympathie immédiate pour ce qui est audacieux, la volonté d'étonner guident l'Esprit nouveau. La devise d'Apollinaire est : *Je m'émerveille*. Pour surprendre, le poète emprunte aux autres arts. Il imite les collages, réalise des « calligrammes » (dessins avec des phrases), joue sur les déformations volontaires. De même, il emprunte aux « miracles » modernes (affiches, cinéma, vitesse). Pour rendre la nervosité du monde, Apollinaire supprime la ponctuation, juxtapose, exagère les contrastes, cherche un rythme impulsif, ne recule pas devant l'équivoque, voire le calembour. Malgré son côté tapageur et voyant, l'art nouveau traduit avec une intense fidélité la civilisation moderne, mécanique et fiévreuse. C'est une forme d'art-reflet.

Autour d'Apollinaire, les poètes de l'art nouveau sont convaincus que la poésie est un acte de vie, une adhésion au monde. Les « bourlingueurs » réalisent totalement cette adhésion, tel **Blaise Cendrars** (1887-1961) qui mena une vie d'aventurier avant de publier (*Les Pâques à New York*, 1912 ; *Prose du Transsibérien et de la petite Jehanne de France*, 1913). Engagé volontaire dans la Légion étrangère, il est amputé du bras droit en 1915, puis reprend ses voyages au Brésil et aux États-Unis, gagnant sa vie comme grand reporter ou correspondant de guerre. Mais ce goût d'expérimenter touche des hommes très différents. Les uns sont des anciens « fantaisistes » (André Salmon, Raymond Roussel), d'autres de futurs surréalistes (Max Jacob). Tous voyagent et aiment décontenancer (Paul Morand, Pierre Reverdy, Cocteau). Certains feront un chemin solitaire vers des musiques superbes (Saint-John Perse).

Tout classement rigoureux est encore impossible. Dans la génération née vers 1880-1885 se côtoient des personnalités insatisfaites de la modernité naissante, mais diverses :

Un aventurier fortuné et fort original comme **Valery Larbaud** (1881-1957) dont la prose poétique, en versets, semble mimer les incessants voyages (les poésies d'*A.O. Barnabooth*) et les lubies instables.

Une poésie des ailleurs, plus « chimérique », tel le merveilleux recueil du Bordelais **Jean de La Ville de Mirmont** (1886-1914) : une vie brève et brave, comme anticipant une fin trop brutale, hantée par des rêves de bateaux quittant le port, fuyant l'ennui et la platitude (*L'Horizon chimérique*).

Prédomine par contraste une fascination pour des cultures exotiques et des vies lointaines, comme chez **Victor Segalen** (1878-1919), un médecin de la marine, qui rapporte de Tahiti ou de Chine des livres pleins de secrets et de saveurs inaccoutumées (*Stèles* ; *Odes*).

C'est une époque de fermentation. Le dadaïsme et le surréalisme vont bientôt prendre le relais. Cette transition est parfaitement illustrée par un homme comme **Max Jacob** (1876-1944). Fils d'immigrés juifs, converti au catholicisme, tenté par la vie monastique, il incarne jusqu'à la caricature le nouveau credo esthétique : facéties imprévisibles, coq-à-l'âne, goût du mystère, calembours, dérision, ivresse loufoque des mots, flirt avec le non-sens, collages en tous genres, besoin continuel de se démarquer, etc. Pour obtenir cette poésie innovatrice, Max Jacob se livre volontiers au sortilège. L'écriture est un *laboratoire central* où il faut laisser *frissonner l'inconscient* et, surtout, un *cornet à dés*, c'est-à-dire une loterie. Le poète renonce à une maîtrise consciente de son travail et s'abandonne au hasard des mots qui s'entrechoquent ou qui s'escamotent.

De même, **Francis Picabia** (1879-1953), peintre et poète, a fait ses gammes dans l'entourage d'Apollinaire, avant de devenir un des plus ardents surréalistes. Il joue du paradoxe et de la provocation, rompant continuellement avec toute tradition. Cette forme d'esprit, qui ne se fixe pas, est bien ce qui relie l'art nouveau aux théories de Breton.

Guillaume Apollinaire

« *Sous le pont Mirabeau coule la Seine…* »
« *Dans le brouillard s'en vont un paysan cagneux /Et son bœuf lentement dans le brouillard d'automne…* »
« *Vous y dansiez petite fille / Y danserez-vous mère-grand…* »
« *Mon verre est plein d'un vin trembleur comme une flamme…* »
« *Le pré est vénéneux mais joli en automne…* »
« *Voie lactée ô sœur lumineuse / Des blancs ruisseaux de Chanaan…* »
« *Dans la plaine les baladins / S'éloignent au long des jardins…* »

Blaise Cendrars

« *Quand tu aimes il faut partir / Quitte ta femme quitte ton enfant…* »
« *En ce temps-là j'étais en mon adolescence / J'avais à peine seize ans et je ne me souvenais déjà plus de mon enfance…* »

Jean de La Ville de Mirmont

« *Vaisseaux, nous vous aurons aimé en pure perte / […] Car j'ai de grand départs inassouvis en moi.* »

Max Jacob

« *Dis-moi quelle fut la chanson / Que chantaient les belles sirènes…* »
« *Adieu l'étang et toutes mes colombes…* »

Après la Grande Guerre : ultimes résistances au défoulement général

Dans les années 1920, on ne sait plus où fixer son attention. C'est une éruption générale, qui tient à la fois du défoulement, notamment avec le surréalisme, et de la remise en ordre des esprits. Cette deuxième tendance, studieuse et méthodique, est incarnée par la figure majeure de Paul Valéry. Alors que la poésie cherche souvent son renouveau dans un irrationnel, **Paul Valéry** (1871-1945) fait figure de résistant. Refusant les excès de l'affectivité et la dictée directe de l'inconscient, Valéry retrouve, à travers son maître et son modèle Mallarmé, le « credo » des Parnassiens : ce ne sont pas les éclats sentimentaux ou les brusqueries qui produisent la beauté, mais un travail de technicien patient et éclairé. Valéry demande un retour au classicisme, laboratoire obligé de l'œuvre qui vise l'éternité. Ses théories récusent l'anarchie et l'illogisme, mais elles sont beaucoup moins antimodernistes qu'il n'y paraît. Certes, Valéry méprise l'Art nouveau, se moque de Freud et ignore Marx. Pourtant, il est par excellence l'homme de ce siècle, préoccupé des sciences du langage. En rappelant que c'est par la manipulation du langage, en qui gît toute polysémie, que la poésie poursuit ses conquêtes, il est plus un « annonciateur » qu'un traditionaliste.

Même si les titres de certains de ses poèmes sont bien connus du grand public (pensons au *Cimetière marin*), ce sont surtout les travaux théoriques de Valéry (esthétique, philosophie, politique) qui retiennent le plus l'attention aujourd'hui. Ses textes sont assez brefs, comme s'il ne se sentait pas à l'aise dans les pensées totalisantes et systématiques. Il leur préfère l'écriture par fragments – autre trait de sa modernité, particulièrement manifeste dans les *Cahiers*. De même, il déteste le roman. C'est un sceptique, à l'image de son *Monsieur Teste*, cet esprit brillant mais sans opinion. Ses poèmes semblent comme détachés et repliés sur eux-mêmes. C'est sans doute parce qu'il y a mis, comme dans *La Jeune Parque* (1917), le plus profond et le plus mystérieux de lui-même. *La Jeune Parque* se présente comme le monologue d'une conscience intime, partagée entre le besoin de lucidité et l'appel de la sensualité, entre la nostalgie de l'innocence virginale et le tourment des désirs.

À la fois allégorie philosophique et *composition musicale*, ce poème, par-delà des prouesses techniques, laisse s'épancher une harmonie riche et illimitée. Le recueil central, *Charmes* (1922), joue sur le double sens du titre, *facture poétique* et *envoûtement*. Au terme d'un dur travail sur la forme, le poète aboutit à une incantation qui enchante musicalement. Cette pureté parfaite et sensuelle empêche le lecteur de s'incarner dans l'auteur, distant et absorbé. Contraints à un constant face-à-face avec les sortilèges du langage, voici que nous devenons à notre tour poètes, face à un texte, inépuisable réservoir de significations : « Il n'y a pas de vrai sens du texte. Une fois publié, un texte est un appareil dont chacun peut se servir à sa guise et selon ses moyens. » On a reproché à Valéry son côté froid et officiel, son absence de sensibilité, son verbalisme. Pourtant, paradoxalement, personne n'a mieux saisi l'autonomie de l'œuvre et son pouvoir propre. Ses vers, superbe musique et savant assemblage, restent autant un appel à l'ivresse des sens qu'à l'intelligence.

Bien que son œuvre n'ait atteint le grand public que plus tard, on peut considérer que Saint-John Perse s'inscrit dans le sillage de Valéry. À peine effleuré par les turbulences surréalistes, Alexis Saint-Léger Léger est un aristocrate et un voyageur. Sous ce pseudonyme de **Saint-John Perse** (1887-1975), il se fait l'ordonnateur d'une cérémonie lyrique et solennelle. Voici la poésie du vent, des pluies et des vastes pèlerinages à travers le monde, de l'errance et de la conquête. Le verset claudélien prend tout son essor dans ce mouvement de célébration et de proclamation. Car il s'agit bien d'*invoquer*, comme en un rituel d'hommage, la grandiose beauté de la terre, en énumérant – au risque du mot rare –, en remémorant – au risque d'un brassage déroutant – tous les fastes de l'histoire humaine. Le poète retrouve son rôle antique d'oracle.

La musique de la poésie de Perse peut paraître hautaine et lointaine. En réalité, elle est un hymne total au monde et doit donc procéder par combinaison. Le verset repose sur l'énumération d'éléments familiers (vent, pluie, neige), de moments essentiels (aube, soir, été, couchant), d'êtres universels (frère, père, prince, roi, magicien, fille), de terroirs connus ou désirés (île, désert, montagnes, rochers, sables et grèves), de communions (foi, autels, fêtes, nuptialité, tribu, colonie), de vieux mythes communs (métamorphose, grands départs, envol, éternité), de civilisations perdues (Atlantide, île de Pâques et d'autres, insituables), etc. Saint-John Perse enchevêtre tous nos fantasmes et tous nos rêves. Son écriture est complexe, au sens propre, c'est-à-dire mêlée, comme le sont tous les textes sacrés ou fabuleux, mystérieux et atemporels. Il ne s'agit pas de les « comprendre », mais de laisser jouer leur puissance allusive et incantatoire.

Paul Valéry

« Tes pas, enfants de mon silence… »
« Qui pleure là, sinon le vent simple, à cette heure / Seule, avec diamants extrêmes ?… »
« Ce toit tranquille, où marchent des colombes… »

Saint-John Perse

« … Toujours il y eut cette clameur, toujours il y eut cette fureur / Et ce très haut ressac au comble de l'accès… »
« Et c'est la Mer qui vint à nous sur les degrés de pierre du drame… »

« Lâchez tout » : la mêlée surréaliste

Dès que l'Europe sombra dans la Grande Guerre, de nombreux jeunes artistes et intellectuels eurent le sentiment que le « vieux monde » était en train de mourir. Hostiles aux valeurs d'autrefois, ils vont transformer ce rejet instinctif et profond en un nouveau ferment de création. L'art va devenir une contestation radicale et brouillonne de tout ce qui est institué : bienséances, interdits, langage, goût, valeurs, etc. Qu'ils se nomment « futuristes » ou « avant-gardistes », c'est un même refus qui les rassemble.

Dès 1916, autour de **Tristan Tzara** (Samuel Rosenstock, 1896-1963), révolutionnaire allemand émigré, s'organisent des séances, mélanges de « happening » et de laboratoire poétique. C'est au cabaret Voltaire, à Zurich, que se croisent ainsi poètes, peintres, sculpteurs et autres novateurs. Ce mélange correspond tout à fait à ce que cherche le mouvement **Dada** qui veut, outre faire scandale, supprimer les cloisonnements entre les formes d'expression et créer un langage total, puisant partout ses forces. Le mouvement Dada vaut surtout par les impulsions qu'il a données : le surréalisme lui doit sa naissance ; des écoles d'art (comme le Bauhaus en Allemagne) se sont inspirées de son esprit de rupture ; il a favorisé l'expressionnisme, l'art moderne américain (grâce à Picabia, Duchamp, Man Ray) ; il a montré l'intérêt des collages, des machineries, des objets bruts. Bref, une fois dépassés les provocations et le nihilisme, Dada s'est révélé particulièrement fécond.

Il est normal que Dada n'ait pas produit d'œuvre majeure, car, pour Tzara, l'art était un acte spontané et fugace, sans cesse remis en cause. Les dadaïstes font tout pour éviter ce qu'ils dénoncent, le dogmatisme ; aussi passaient-ils pour de purs anarchistes. Ce sont les surréalistes, groupés autour d'**André Breton** (1896-1966), qui vont s'engager dans une voie plus productive. S'éloignant peu à peu de Dada, ils ont leur revue (*Littérature*) et leur doctrine (les *Manifestes du surréalisme**, 1924 et 1930). Bien qu'il soit fondamentalement un mouvement de rupture, le surréalisme s'est cherché des prédécesseurs ou des sources. Les *Manifestes*, rétroactivement, reconnaissent certains surréalistes avant la lettre. Ces antécédents déclarés aident au moins à saisir comment Breton et ses amis se situaient dans l'histoire littéraire.

Ces ancêtres sont, entre autres : toutes les traditions magiques et occultistes, du Moyen Âge particulièrement, et des primitifs ; la littérature fantastique ; Sade et, d'une façon générale, la littérature érotique ; les poètes mystiques du XIXe siècle, avec les romantiques allemands comme Novalis ou Hölderlin ; les « voyants », comme Nerval, Hugo, Lautréamont, Rimbaud. C'est à Apollinaire que Breton a emprunté le nom du mouvement : « Quand l'homme a voulu imiter la marche, il a créé la roue, qui ne ressemble pas à une jambe. Il a fait ainsi du surréalisme sans le savoir. » Mais il ne s'agit pas seulement d'un groupe littéraire ; le surréalisme regroupe des peintres, des sculpteurs, des photographes, des cinéastes, tous unis par la recherche de la *beauté convulsive*.

Malgré leur diversité les arts surréalistes se reconnaissent dans quelques valeurs communes : la haine de tout confort intellectuel, le goût de la turbulence, de l'insolite, ce qui nécessite de favoriser tous les rapports incongrus, voire agressifs ; le culte du « hasard objectif » : tout signe est susceptible de prendre tôt ou tard une signification (un chiffre, une rencontre, une image, etc.) qui change la vie, en l'éclairant ou en la détournant ; l'intérêt pour le libertarisme et les utopies politiques ; la volonté de créer des mythes nouveaux pour réveiller les croyances et les aspirations des sociétés modernes ; la transgression des tabous, qui implique une grande permissivité sexuelle, voire un éloge des perversions ; la régression à des arts primitifs, ceux des « sauvages », des civilisations tribales, des enfants ou des fous, en particulier par les automatismes ; la dérision : il faut mettre en évidence la sottise et l'absurdité du monde civilisé, en particulier par l'humour noir le plus insolent.

C'est **André Breton** qui fut le sourcilleux gourou de la secte surréaliste. Théoricien et gardien de la doctrine, André Breton (1896-1966) est une personnalité intransigeante. Du surréalisme, il incarne la morale (un esprit de révolte et d'autonomie), tandis que son œuvre en illustre l'esthétique dans toutes ses facettes. Son caractère ombrageux et entier l'a souvent mêlé à des polémiques et à des exclusions. Mais ce fut un incomparable découvreur et rassembleur de talents. Ami de Jarry et d'Apollinaire, Breton a été influencé par Freud. La psychanalyse joue un rôle décisif dans son évolution. Ainsi, l'écriture automatique prétend reproduire l'activité du psychisme délivré du contrôle de la raison ou de toute « censure ». Cette expérience est un cas limite. Mais Breton y voit le principe de toute poésie, car est poétique tout ce qui surgit brutalement : hasards, accidents, surprises. Le poétique rejoint par là le fantastique. Les surréalistes essaieront même de provoquer ces aléas et se passionneront pour le magique, pour tout ce qui étonne et émerveille.

Le refus de la réalité plate conduit à une attitude de révolte. Breton a ainsi évolué en direction des doctrines révolutionnaires. Il adhère, en 1927, au Parti communiste, s'en sépare en 1935 et se lie avec Trotski. Ces engagements s'éloignent du nihilisme des débuts, mais ils continuent l'acte de foi rimbaldien, *changer la vie*, dont Breton fit sa devise. Sur le plan esthétique, en tout cas, la révolte a un nom : l'imagination. Breton s'est fait le défenseur de tout ce qui fait déraper la raison : humour noir, collage aléatoire de phrases (« cadavres exquis »), langage régressif (en demi-sommeil ou sous l'effet de quelque drogue, par exemple). L'image surréaliste (selon une définition de Reverdy, reprise à son compte par Breton) cherche à rapprocher les réalités les plus éloignées possible. Breton espère ainsi obtenir une *beauté convulsive* qui, comme l'amour fou, arrache l'homme tout entier à l'insignifiance.

Le surréalisme* n'est pas une école, mais un immense mouvement artistique, traversé de soubresauts. Tous les grands poètes de ce siècle sont passés à un moment ou à un autre par cette mouvance. La nature même de l'idéal surréaliste (liberté, insurrection, imaginaire) permit à des personnalités très diverses de s'y exprimer. À partir du début des années 1930, les divergences furent plus manifestes, notamment à cause de l'engagement communiste de Breton, d'Éluard et d'Aragon. Les poètes se condamnèrent les uns les autres. Mais cette effervescence même fait, en quelque sorte, partie du jeu.

Les auteurs les plus marquants du surréalisme sont :

- **Robert Desnos** (1900-1945). Il est surtout doué pour les « sommeils hypnotiques ». Dans un vague endormissement, il griffonne de courts textes et engage d'étranges dialogues. Cet autodidacte a multiplié les textes automatiques et les récits spontanés de rêves. La poésie est, chez lui, une dérégulation du langage ; d'où les mots inventés, la syntaxe délirante, les images brutes et insolites, les pulsions inconscientes, le tout concourant, inlassablement, à l'exaltation de l'*amour fou* (*Corps et biens*). Exclu en 1930 par Breton, il se fait homme de radio et de cinéma, et continue ses activités d'inventeur un peu débridé. Il meurt en déportation.

- **Philippe Soupault** (1897-1991). C'est un bourgeois rêveur et mélancolique, et un voyageur. Il a beaucoup contribué à faire connaître en France des auteurs étrangers (dans *Écrits nouveaux* et dans *La Revue européenne*). Son œuvre va de romans autobiographiques à des poèmes d'amour fou (*Georgia*, 1926). Mais il subsistera toujours chez lui une veine fantaisiste et populaire, assez sombre.

- **René Crevel** (1900-1935). Inquiet et désespéré, très assidu des séances d'hypnotisme, il vit comme un déchirement les querelles du mouvement, et se suicide, laissant des textes sarcastiques et noirs (*Mon corps et moi, Babylone, Êtes-vous fou ?*).

- **Benjamin Péret** (1899-1959). Il garde un fond d'humour et de dérision. Volontiers polémique et batailleur, trotskiste, anticlérical, il évolue curieusement en ennemi des poètes « politiques ». Son pamphlet contre la poésie de la Résistance, *Le Déshonneur des poètes*, reste déconcertant et exalté.

Mais d'autres personnalités ne se sont pas laissé longtemps endoctriner et elles ont suivi un chemin plus personnel. Tel **Antonin Artaud** (1896-1948), qui a commencé sa carrière avec le théâtre où il trouvait une forme de libération physique de son angoisse. Sa propre maladie mentale l'oriente ensuite vers l'analyse psychique. Plusieurs fois interné, il s'enfonce dans une parole qui serait l'image de l'*effondrement central de l'âme*. Protestant contre le *bluff surréaliste*, il va son chemin solitaire et halluciné, tout en rédigeant quelques traités théoriques sur sa conception du *théâtre de la cruauté*. Ou tel encore **Georges Bataille** (1897-1962) qui se tourne vers la psychanalyse et fonde, avec **Roger Caillois** (1913-1978) et **Michel Leiris** (1901-1991), la revue du *Collège de sociologie* consacrée notamment aux pratiques religieuses. Théoricien de la *transgression* (seul importe ce qui fait vivre dans l'excès) et de l'érotisme libérateur, il ne supporta pas longtemps le moralisme de Breton.

Plus attachant est Éluard, seul poète populaire issu de ce bouillonnement. De son vrai nom Eugène Grindel, **Paul Éluard** (1895-1952) a suivi tout l'itinéraire surréaliste, mais s'est imposé par un lyrisme généreux et sensuel, qui est bien loin des principes de Breton. Éluard, d'emblée, se distingue par un tempérament tendre et fraternel. Mal à l'aise dans les expérimentations agitées de Tzara ou dans les manifestes péremptoires, il reste un dilettante. Ami de Max Ernst, il est amateur d'art et d'amour. Car l'inspiration fondamentale de Paul Éluard est le désir et la passion. En 1917, il a épousé Gala, qui le quitte pour Dalí en 1929. Plus tard, il trouve auprès de Nush un grand amour stimulant et euphorique. Mais, dépassant son propre chant sentimental, Éluard a le cœur enthousiaste et écrit pour tous les hommes qui espèrent. « Le poète est celui qui inspire, plus que celui qui est inspiré. » La fonction du poète est de raviver sans cesse les saveurs de la réalité, d'instituer un rapport au monde lucide et confiant : « Il n'y a qu'un mot concret : aime. » Ce besoin de communier avec les hommes, renforcé par son adhésion indéfectible au parti communiste, a éloigné peu à peu Éluard du surréalisme et de ce qu'il comporte de difficilement accessible. Il lui faut en effet de la simplicité pour ne pas rompre l'unisson. Le poète, dépositaire des mots, ne les confisque pas, ni ne les masque sous l'hermétisme : il veut *tout dire*, pour tous.

Aragon est un cas particulier. Avant de devenir le romancier du *mentir vrai*, **Louis Aragon** (1897-1982) a été un compagnon de route de Breton. Dadaïste, puis surréaliste, il est animé d'une passion cassante pour le défi et la liberté. Mais, à partir des années 1930, tout comme Éluard, il reviendra à la fois vers le récit classique et vers une carrière d'intellectuel « officiel » du parti communiste.

Très brillant, doué d'un réel talent, Aragon se soumet mal aux « automatismes » et à la gratuité de l'écriture aléatoire. Il reste maître des mots et laisse vagabonder son imaginaire au gré de son désir. Personnalité fondamentalement lyrique, il veut que sa poésie soit une gerbe d'images ondoyantes. Il ne pouvait donc être qu'un passant dans l'avant-gardisme. Mais c'est sa passion pour Elsa (Triolet), plus que son engagement politique, qui nourrira son chant. Aragon célèbre l'amour unique, possessif et absolu.

D'autres auteurs, mal à l'aise dans la chapelle doctrinaire de Breton, après avoir été plus ou moins « compagnons de route » du surréalisme, se sont esquivés pour rédiger une œuvre forte et personnelle, inclassable. Leur itinéraire couvre souvent une période qui va bien au-delà de l'entre-deux-guerres.

Pierre Reverdy (1889-1960) est l'un de ces solitaires. Il vit d'abord dans le milieu des cubistes, avec Apollinaire, Picasso, Braque, Léger, Max Jacob. Ses premiers recueils (*La Guitare endormie*, 1919 ; *Les Épaves du ciel*, 1924), qu'il imprime lui-même (étant typographe), sont illustrés par Juan Gris. Après la guerre, Breton le revendique comme un de ses prédécesseurs et le proclame *le plus grand poète actuellement vivant* (1928). Mais Reverdy n'a que faire de l'esprit frondeur et pourfendeur du surréalisme. Il a déjà amorcé un retour aux choses simples, à des émotions tout intérieures et vécues, à la nature. Ce marginal va trouver dans la réclusion monastique le vrai lieu : dès 1925, il se retirera à l'abbaye de Solesmes jusqu'à sa mort.

Comme Reverdy, **Jules Supervielle** (1884-1960) est toujours resté à distance, avec une sérénité fertile, poursuivant une œuvre abondante, à la transparence presque classique. Ennemi des théories, il est, à sa manière, plus proche de Valéry ou de Jammes que de Breton. Mais il a retenu du surréalisme une prédilection pour les images magiques et pour les énigmes de la langue qu'il aime manipuler. De même, il cultive le rêve et les fables ; le poème devient alors une sorte de récit. Sous la prolifération ou l'émiettement des images, Supervielle raconte, avec simplicité, les couleurs et les saveurs d'une existence bonhomme et familière, où, malgré des interrogations, des inquiétudes, il se console des déchirements de sa vie en éveillant, au cœur du quotidien, tout ce qu'il peut recéler de merveilleux ou de fantastique.

L'indépendance de Reverdy ou le recul de Supervielle n'ont pas atteint la rupture abrupte et définitive à laquelle s'est résolu **Pierre-Jean Jouve** (1887-1976). Après avoir été influencé par le néosymbolisme d'un Viélé-Griffin, par exemple, et après un passage dans le groupe unanimiste de l'abbaye, il s'intéresse à quelques aspects du surréalisme, notamment à son goût pour l'exploration de l'inconscient. Mais, en 1924, il se convertit doublement : d'une part, il s'abandonne à ses penchants mystiques et se voue à la foi ; d'autre part, il renie tout ce qu'il a précédemment écrit. Cet itinéraire sinueux est motivé par une profonde aspiration à la perfection, par un désir dévorant d'idéal. Tout en étant vraiment propre au destin personnel de Jouve, une telle ambition révèle combien, très vite, le surréalisme ne pouvait plus satisfaire les âmes éprises d'absolu, les croyants en particulier, tels Max Jacob ou Reverdy, justement. Le retournement de Jouve est donc caractéristique. Une fois répudiée son œuvre de jeunesse, Jouve se voue à une poésie-psychanalyse, à une descente introspective dans les fantasmes nocturnes et sexuels de son âme. À la fois mystique et érotique, le poème est déchiré de contradictions : lumière et obscurité ; rédemption et « misère » pascalienne ; pulsions épouvantables et consolation ; spiritualité et fantasmes sordides, etc. Cette dualité baudelairienne est traversée d'obsessions et de rituels visionnaires ou magiques.

Robert Desnos

« *Tu me suicides, si docilement. | Je te mourrai pourtant un jour…* »
« *J'ai tant rêvé de toi que tu perds ta réalité…* »
« *À la poste d'hier tu télégraphieras | Que nous sommes bien morts avec les hirondelles…* »

Paul Éluard

« *La terre est bleue comme une orange | Jamais une erreur les mots ne mentent pas…* »
« *Sur mes cahiers d'écolier | Sur mon pupitre et les arbres | Sur le sable sur la neige | J'écris ton nom…* »
« *La courbe de tes yeux fait le tour de mon cœur…* »

Louis Aragon

« *Tes yeux sont si profonds qu'en me penchant pour boire…* »
« *Il n'y a pas d'amour heureux…* »
« *Celui qui croyait au ciel | Celui qui n'y croyait pas…* »

Jules Supervielle

« *Il vous naît un poisson qui se met à tourner…* »

Chacun sa route, chacun son chemin

Au lendemain de la Seconde guerre mondiale, les poètes militants jouissent d'un immense prestige, surtout Aragon et Éluard. Mais la ferveur retombe vite quand les thèmes de la patrie ou de la fraternité se font moins urgents. Une sorte de vide s'installe : Valéry et Claudel disparaissent et les surréalistes tournent en rond. Faute de projets communs ou de grandes causes, la poésie des années 1945-1970 offre un paysage totalement éclaté. Chaque auteur va sa route et son chemin. Les classements deviennent arbitraires, d'autant que chaque poète voit son œuvre comme un itinéraire personnel, inimitable, souvent sinueux. Cette absence d'unité et cet éparpillement rendent à la poésie une nouvelle authenticité, révélant une intimité plus touchante, libérée de toute théorisation collective.

On commence par en revenir aux choses de la vie. **Jacques Prévert** (1900-1977) affecte de détacher ses poèmes de tout intellectualisme. Sans grandiloquence, ses « paroles » disent avec verdeur et drôlerie les petites joies ou les déceptions des gens simples. Hésitant entre satire et compassion, il trace des croquis et bricole les formules usées du quotidien. Il est bien normal que ses textes finissent en chanson (grâce à Kosma) ou en jeux d'écoliers. De même **Jean Follain** (1903-1971) ouvre pour nous les vieux albums de photos d'autrefois. Ses poèmes brefs saisissent un objet familier, un geste, un regard. Car le temps efface et menace. Le tableau, sobre, lisse, immobile, fait penser à une « nature morte ».

Francis Ponge (1899-1988), lui aussi, traque l'objet, mais grâce à un inventaire méticuleux du lexique. Il commence par décrire avec précision. Mais l'objectivité, dans le langage, étant une utopie, il cherchera surtout une ligne pure et juste qui imitera la chose vue et désirée. Il ne faut pas de conflit avec le réel : la parole s'y infuse, au point que les mots font un poème-objet (*Le Parti pris des choses*, 1942 ; *Proêmes*, 1949). Méfiant face au lyrisme gratuit, **Eugène Guillevic** (1907-1997) cherche aussi à contrôler et à « blanchir » son langage pour restituer la présence d'un réel. Concis, circonspect, il évite images et métaphores, pour poser devant nous la chose dans son silence et son inertie. Guillevic, breton, est inspiré par les menhirs (*Carnac, Terraqué*), ces longues pierres qui semblent nous parler.

Le retour aux choses n'empêche pas la spiritualité ; au contraire, les choses irradient parfois le mystère, elles figurent le monde habité par la vie et la métamorphose. C'est ce que perçoivent **Jean-Claude Renard** (1922-2002), auteur de *Métamorphose du monde* et de *Toutes les îles sont secrètes*, ou **Alain Bosquet** (1919-1998), poète abondant et collectionneur des *plus beaux poèmes du monde*. Enfin, le réel peut aussi être citadin, comme chez **Jacques Réda** (né en 1929), observateur du quotidien urbain et banlieusard.

Jacques Prévert

> *« Rappelle-toi Barbara / Il pleuvait sans cesse sur Brest ce jour-là… »*
> *« Oh ! je voudrais tant que tu te souviennes. Des jours heureux où nous étions amis… »*

Souffles extérieurs

Le français n'appartient pas qu'à la France. Notre littérature connaît diverses extensions et elle dépasse nos frontières. La francophonie reste une des raisons de notre vitalité littéraire. Le Québec est très fécond depuis les années 1970, même si ses écrivains sont des conteurs et des romanciers. Mais la poésie y est vivace aussi, notamment par le truchement de la chanson. Le Maghreb, après des textes surtout marqués par les problèmes de l'indépendance politique, s'ouvre à une création plus variée et à une réflexion plus large.

Mais c'est surtout de l'Afrique et des Caraïbes que coule une sève vivifiante. La « négritude* » s'était d'abord exprimée comme recherche d'identité et de dignité, avec les grandes figures d'intellectuels que sont Léopold Sédar Senghor (sénégalais), Aimé Césaire (antillais) et Léon-Gontran Damas (métis guyanais). Après cette entreprise de désaliénation, les écrivains noirs suivent deux tendances. D'une part, ils approfondissent l'unité culturelle originale des anciens colonisés (avec les revues *Tropiques* et *Présence africaine*) ; d'autre part, ils créent, chacun dans son pays, une littérature nationale.

Mais **Senghor** (1906-2001) laisse une œuvre importante. Sa poésie, très rythmée, marquée par la tradition symboliste, se fonde sur le chant mimétique et sur un verbe incantatoire. Elle porte un message d'espoir en faveur d'une civilisation universelle unifiant et pacifiant les différences culturelles : *Chants d'ombre* (1945), *Hosties noires* (1948), *Élégies* *majeures* (1979). De même, **Césaire** (1913-2008) invente un style oratoire et litanique pour magnifier son amour de la culture créole et son refus du colonialisme : *Cahier d'un retour au pays natal* (1939 et 1947).

Les joueurs linguistes

Plutôt que de produire de la poésie en lui fixant un objet extérieur, d'autres auteurs préfèrent réfléchir sur les mécanismes et les stratégies du langage. Au cœur de « l'ère du soupçon », il n'est plus question d'embrasser des idéologies, mais de démonter les formules qui les constituent. Oubliant la tendresse et le lyrisme, bien des poètes commencent par jouer avec les mots. Les amis de Queneau se trouvent dans l'**Oulipo**[*] (Ouvroir de littérature potentielle). Ces « oulipiens » s'emploient à faire le tour des contraintes et des recettes propres à vitaliser la création. **Georges Perec**, **François Le Lionnais**, **Jean Lescure** et d'autres s'obligent à ne pas utiliser telle voyelle (lipogramme), ou à répéter la même (tautogramme). Ils font des collages, des exercices combinatoires (*Cent Mille Milliards de poèmes*). Ils déforment des textes connus ou les découpent. Ils remplacent un mot par un autre qui le suit à telle distance dans le dictionnaire : *La Cigale et la Fourmi* devant *La Cimaise et la Fraction*. Bref, ils s'amusent beaucoup et nous rappellent l'un des principes générateurs de la poésie, déjà exploité par l'enfant, le plaisir du jeu. Ces facéties peuvent se faire savantes : **Jacques Roubaud** (né en 1932) construit des ensembles à partir de lois mathématiques et de techniques japonaises.

De même, les amis de la revue *Tel Quel* réfléchissent sur l'anomalie et le dérèglement poétiques. **Marcelin Pleynet** (né en 1933) voit le poème comme refus de la normalité. **Denis Roche** (né en 1937) veut faire rendre gorge à la poésie, en la ramenant à un cérémonial primitif, en deçà de toute culture figée. D'autres avaient déjà poussé encore plus loin cette autodestruction, comme les lettristes, qui remplacent les mots par des sons, des phonèmes ou des signes (Isou, Maurice Lemaître, etc.). Dès lors que la poésie est vue exclusivement comme maniement des signifiants, il est prévisible que les linguistes s'y intéressent. C'est le cas d'**Henri Meschonnic** (1932-2009) ou de **Michel Deguy** (né en 1930), qui a résumé sa poétique dans un livre difficile, *La poésie n'est pas seule, Court traité de poétique* (1988). L'influence de ces universitaires est considérable dans les milieux de la création contemporaine. On le perçoit bien dans les revues spécialisées, comme *TXT*, animé par **Christian Prigent** (né en 1945).

Raymond Queneau

« *Si tu t'imagines | Si tu t'imagines | Fillette fillette | Tu t'imagines | Xa va xa va xa | Va durer toujours…* »

René de Obaldia

« *Le geai gélatineux geignait dans le jasmin | Voici, mes zinfints | Sans en avoir l'air | Le plus beau vers | De la langue française…* »

Le monde comme épreuve et la terre comme désir

Le choix d'entrer en poésie, malgré ces artifices de surface, indique un rapport conflictuel au monde. **Henri Michaux** (1899-1984) considère tout art comme *épreuve* ou *exorcisme*. Comme ses dessins, comme ses errances de par le monde, comme ses expériences de la drogue, sa poésie est insurrection et question. Il commence par pétrir la matière langagière en inventant des mots. Mais le résultat ne peut que décevoir le poète. Les titres parlent d'eux-mêmes : *Passages, Mouvements, Misérable Miracle, Turbulences, Gouffres, Ensablements, Chemins perdus, Transgressions*. Michaux, habité par un mouvement de dérive, voit la poésie sous trois aspects : le voyage, la dilution du moi, l'exorcisme.

Moins anxieux, mais aussi énigmatique, pris dans le même jeu de contradictions, tel apparaît **René Char** (1907-1987). Il semble marqué par les diffractions surréalistes (*Le Marteau sans maître*, 1934). Puis, retiré dans son Vaucluse natal après une courageuse guerre dans la Résistance (*Feuillets d'Hypnos*, 1944), Char écrit sa vie, comme il la sent, livrée à l'énigme et au danger d'exister. Ses poèmes suivent un chemin de crête, entre *fureur et mystère*, c'est-à-dire entre le désir d'épouser les joies de la vie et la certitude de n'en atteindre que la surface. La poésie est donc déchirée, habitée par une incertitude qui se force à l'optimisme. La difficulté des textes de Char en signale l'exigence, celle d'un homme aux aguets, saisi jusqu'au vertige par l'absurdité désespérante du monde et la soif inassouvie de ses lumières et de ses moissons. Il en vient ainsi à une parole « en archipel », éparse, pleine d'incertitudes, tentée par les formules et les aphorismes – comme ceux des philosophes antiques.

Car la poésie s'apparente au parcours initiatique et à l'aventure spirituelle. René Char, sorte de mystique athée, a sans cesse recours à un vocabulaire et à des images d'inspiration religieuse. Résistant, comme lui, **Pierre Emmanuel** (1916-1984) retrouve l'élan chrétien et fait de son poème un acte de foi. En marge du surréalisme, il écrit, dans la tradition de d'Aubigné ou d'Hugo (*Babel*, *Jour de colère*), une œuvre au lyrisme touffu. Cette ferveur foisonnante peut aussi laisser la place à des textes plus nus et contemplatifs (*Évangéliaire*). Plus minutieux, dans une sorte de piété monacale, **Patrice de La Tour du Pin** (1911-1975) réinvente une poésie inspirée de la liturgie catholique (*Somme de poésie*, *Concert eucharistique*) qu'il nomme *théopoésie*. Ces tensions sont souvent difficilement accessibles pour le lecteur. Chez **André Du Bouchet** (1924-2001), elles aboutissent à la sécheresse et à l'effacement. Le poème exprime l'absence, la vacuité : c'est dans ce qui nous manque que notre conscience s'éveille au regret et au désir. De même, le poète mystique **Edmond Jabès** (1912-1991) cherche, au cœur de sa culture juive, *Le Retour au livre*, c'est-à-dire le texte où fonder une attente.

Pour surmonter ces contradictions, la poésie est en quête d'un lieu où s'enraciner, fût-il escarpé ou inhospitalier. C'est ce que dit **Jacques Dupin** (né en 1927), dans *Gravir* ou dans *L'Embrasure*. De même, **Yves Bonnefoy** (né en 1923) commence par se défier de tout intellectualisme pour chanter les présences (un instant, une voix, une lumière). Tout en méditant sur la mort, qui rend chère et nécessaire la beauté fragile du visible, il est à la recherche du *vrai lieu* où vivre ici-bas. Le poète n'est pas *trafiquant d'éternel*, mais *inventeur d'espérance terrestre*. Bonnefoy fait entendre une parole de célébration et d'acceptation. Car la seule terre promise est dans les éléments que nous pouvons fugacement posséder. Bonheur précaire et frémissant, le poème imite lui-même le « tremblé » du vécu. Dans la mouvance de Bonnefoy, citons son ami **Philippe Jaccottet** (né en Suisse en 1925). Ses poèmes refusent de nous étourdir ; ils veulent dialoguer, nous rappeler à l'échange et à la disponibilité. D'où un texte simple et dépouillé, qui loue l'espace, l'air, la lumière. De même, **André Frénaud** (1907-1993) veut nous communiquer les traces d'une vie qui s'est défiée des certitudes et qui a glané, çà et là, des moments de bonheur près de choses simples. Dans un souffle plus lyrique, un poète comme **Emmanuel Hocquard** (né en 1940) réinvente des élégies à l'antique qui, elles aussi, consolent et redonnent vie. Plus tragique et déchiré, **Franck Venaille** (né en 1936) demande également à la poésie de l'aider à surmonter le dégoût ou la souffrance. On le voit, la poésie est plus un mode de vie qu'une pratique textuelle gratuite.

Patrice de La Tour du Pin

« *Va dire à ma chère Île, là-bas, tout là-bas…* »

René Char

« *Dans les rues de la ville il y a mon amour…* »
« *L'été et notre vie étions d'un seul tenant / La campagne mangeait la couleur de ta robe odorante…* »

Yves Bonnefoy

« *Le feu hantait nos jours et les accomplissait…* »
« *Toute douceur toute ironie se rassemblaient / Pour un adieu de cristal et de brume…* »
« *Je nommerai désert ce château que tu fus, / Nuit cette voix, absence ton visage…* »

Philippe Jaccottet

« *Nous habitons une maison légère dans les airs, / le vent et la lumière la cloisonnent en se croisant…* »

LES RECUEILS INCONTOURNABLES

Guillaume Apollinaire, *Alcools*, Gallimard, coll. « Poésie », 1959.
Jean de La Ville de Mirmont, *L'Horizon chimérique*, Grasset, 2008.
Paul-Jean Toulet, *Œuvres complètes*, Robert Laffont, coll. « Bouquins », 2003.

Paul Valéry, *Charmes*, Gallimard, 1965.

Paul Éluard, *Capitale de la douleur*, Gallimard, coll. « Poésie », 1966.

Louis Aragon, *La Diane française*, Seghers, 1946.

Jules Supervielle, *Le Forçat*, *Les Amis inconnus*, Gallimard, coll. « Poésie »,2007.

Saint-John Perse, *Amers*, Gallimard, coll. « Poésie », 2007.

Jacques Prévert, *Paroles*, Le Livre de poche, 1964.

Francis Ponge, *Le Parti pris des choses*, Gallimard, coll. « Poésie », 2007.

Raymond Queneau, *L'Instant fatal*, Gallimard, coll. « Poésie », 2008.

Henri Michaux, *Qui je fus*, Gallimard, coll. « Poésie », 2000.

René Char, *Fureur et mystère*, Gallimard, coll. « Poésie », 2007.

Yves Bonnefoy, *Du mouvement et de l'immobilité de Douve*, Mercure de France, 1953.

— *Hier régnant désert*, Mercure de France, 1958.

Les vingt
dernières années

La source ne tarit pas

La vitalité de la poésie, même si le grand public n'en a plus guère conscience, ne s'éteint pas. On cherchera en vain de grandes figures qui, sur le modèle de Victor Hugo ou d'Aragon, en imposeraient encore à la société tout entière. Il est malaisé d'identifier un poète populaire, sauf à se tourner vers des chanteurs « à texte » dont les productions se retrouvent jusque dans les manuels scolaires, ou dans le *folk song*, le rap, le slam ou encore le punk. Le sacre du poète ne se fonde plus sur une mission de « rêveur sacré » donnant voix à la nation, d'autant que l'écrivain moderne transcende sa nationalité. La littérature aussi est mondialisée. La reconnaissance d'un auteur s'élabore désormais par les canaux universitaires ou par des institutions savantes, à travers des articles et des colloques.

Mais, sur un mode mineur et discret, la production reste fructueuse, diverse et abondante. Un site comme *Poezibao* (http://poezibao.typepad. com), journal permanent créé par Florence Trocmé, donne une idée, quotidiennement, de cette créativité. On peut aussi se reporter au site http://repertoiredepoesie.free.fr, qui recense les principales sources. On se penche sur la poésie (colloques, biennales, « États généraux de la poésie », « Printemps des poètes »), sans doute parce qu'elle est la forme la plus fragile et la plus achevée de la littérature. On aurait pourtant tort de l'observer comme un îlot éloigné du reste de la production littéraire. Elle en reflète les tendances globales dites « postmodernes », notamment le retour au sujet ou l'autofiction. Les poètes dont les noms s'imposent sont souvent eux-mêmes des personnalités qui ont une autre activité et qui sont médiatisées, tel le musicologue Alain Duault (né en 1949), cofondateur de la revue *Po&sie* (avec Michel Deguy et Jacques Roubaud). Ses poèmes donnent une impression de puissance et d'incantation, en se présentant comme des blocs de vers serrés sur la page, sans ponctuation. Son lyrisme manie la force allusive ou suggestive du langage : *Où vont nos nuits perdues* (Grand Prix de poésie de l'Académie française, 2002) ; *Une hache pour la mer gelée* (2006) ; *L'Effarant Intérieur des ombres* (2008) ; *Ce qui reste après l'oubli* (2010).

Repartir du textuel

La faillite des grands idéaux, notamment du marxisme après la chute du mur de Berlin, a démonétisé les prêcheurs et les engagés. Face à l'usure des formes et, surtout, des grands sentiments dont elles se prétendaient le support, les poètes renoncent à jouer les porte-voix universels. Ils se retournent vers le matériau support de leur art, le langage, et continuent à tenter de lui faire rendre gorge. Ils prolongent Raymond Queneau (1903-1976) et ses amis de l'Oulipo ou Jean Tardieu (1903-1995). **René de Obaldia** (né en 1918) moque ainsi le ton professoral et cherche une dérision langagière, avec ironie et finesse : *Innocentines* (1969) ; *Sur le ventre des veuves* (1989) ; *Le Secret* (2010). Cette tradition de jonglerie sur les sons et de manipulation des signes rejoint la préoccupation d'intellectuels, qui voient dans la « déconstruction » une renaissance possible. Mathématicien ludique et savant, **Jacques Roubaud** (né en 1932) joue avec les formes fixes (sonnet, rondeau, sextine…) et s'invente des contraintes fécondes : *Quelque chose noir* (1986). Cette jouissance du verbe anime aussi les nombreux poètes qui se réclament de la « poésie sonore », tels **Bernard Heidsieck** (né en 1928) et ses disciples, tel **Julien Blaine**, un adepte de la « poésie action », où la parole et le cri se mêlent à diverses performances décapantes. **Jacques Rebotier** (né en 1950), non sans humour, joue aussi à la frontière du théâtre, par une poésie où la voix et le mime semblent fusionner : *Le Désordre du langage 1, 2 et 3* (1999).

Les performances sont des exercices physiques, improvisés en partie et proposés en public. Ils ne peuvent se retrouver figés sur une page. Leur édition est difficile ou confidentielle. Les groupes qui s'en réclament sont éclatés, sans qu'une œuvre majeure subsiste, malgré l'activisme du « lettrisme » déjà ancien d'**Isidore Isou** (Jean-Isidore Goldstein, 1925-2007). Mais ces foyers animent une vie artistique et militante. Leur rayonnement est réel, tel celui de **Pierre Guyotat** (né en 1940) qui mixe les langues et les bruits : *Wanted Female* (1996). Cette tendance à la déconstruction, voire à l'autodestruction, fondée sur la ruine des poésies traditionnelles, prolonge aussi des auteurs intellectuels qui ont fixé à la poésie une immense ambition, tels Denis Roche, Henri Meschonnic ou Michel Deguy.

Dans ce contexte de déstructuration générale, une des approches créatrices vise à l'effacement de l'auteur, au profit de recherches formelles qui jouent sur des langages paralittéraires. L'influence de l'objectivisme américain est perceptible. La revue *Java*, créée en 1989, publie des textes qui s'inscrivent dans ce sillage. Un de ses animateurs les plus féconds est le dramaturge **Olivier Cadiot** (né en 1956) : grâce à la technique du *cut-up*, notamment, il juxtapose des images percutantes et des associations sonores inattendues, comme si la langue vivait d'une vie animale indépendante. **Jean-Michel Espitallier** (né en 1957), inclassable et iconoclaste, travaille de son côté sur l'enfermement d'un langage qui tourne en rond, proche de la musique répétitive et/ou accumulative. Listes étranges, imitations, arythmies, propositions absurdes, sophismes disjoints permettent de faire réentendre les bizarreries et les limites de la langue : *Cent quarante-huit propositions sur la vie et la mort & autres petits traités* (2011). L'influence de la revue *TXT* (1969-1993) est évidente, comme chez **Jacques Sivan** (né en 1955) qui retrace des témoignages oraux sous une forme purement phonétique : *Le Bazar de l'Hôtel de Ville* (2006). **Vannina Maestri** (née en 1954) veut elle aussi « agencer les mots comme des suggestions » pour « libérer le sens des significations fossiles » : *Mobiles 2* (2006). Mais d'autres pistes se dessinent avec le développement du numérique et des technologies liées au multimédia. On commence à donner des noms à ces formes hybrides, tels que « poésie spatiale » ou « poésie générative ».

Redonner du sens à la vie

Cette abstraction de l'auteur, qui se fait modeste et se met à l'écoute des mystères du langage, rejoint les formes orales de la prière. Une poésie d'oraisons semble naître de cet effort de décantation. Le poète peut rejoindre une exigence spirituelle. Il n'est pas surprenant que plusieurs auteurs aient renoué avec la veine chrétienne, dans le sillage de **Pierre Emmanuel** (1916-1984) ou de **Patrice de La Tour du Pin** (1911-1975). Ils réinventent une poésie liée à la liturgie catholique, animée d'une ambition évangélique. Images du Créateur, les beautés du monde ou les sentiments humains élevés sont objets de célébration. Cette louange peut prendre une tonalité religieuse, comme chez Jean-Claude Renard (1922-2002), ou renouer avec un style « laïc » mais encore oratoire, visant à un apaisement, comme chez Marie-Claire Bancquart, Guy Goffette, Yves Peyré, **Bernard Delvaille** (né en 1931 dont l'*Œuvre poétique* a été rééditée à sa mort en 2006). **Jean-Pierre Lemaire** (né en 1948) choisit une écriture épurée et pudique, qu'il compare à *Marcher dans la neige* (2000) : *L'Intérieur du monde* (2002) ; *Figure humaine* (2008).

Mais ces tensions métaphysiques ne voilent pas le bonheur d'être au monde. Beaucoup de poètes veulent plus simplement se réconcilier avec la vie. Ils cherchent surtout à retrouver un lieu où s'enraciner, ce qu'**Yves Bonnefoy** (né en 1923) nomma « le vrai lieu ». Se défiant d'un intellectualisme sec et illusoire, son art est un refus de l'abstraction (*L'Anti-Platon*, 1949 ; *Arthur Rimbaud*, 1961). Il continue à chanter les présences – une voix, une lumière, un site, un tableau : *Dans le leurre du seuil*, 1975 – *Ce qui fut sans lumière*, 1987 ; *L'Heure présente*, 2011. Dans la même mouvance, **Philippe Jaccottet** (né en 1925) prolonge son écriture simple et dépouillée qui loue l'espace, l'air et la lumière : *À la lumière d'hiver* (1977) ; *Cahier de verdure* (1990) ; *Ce peu de bruits* (2008).

D'autres cherchent la poésie quasi élégiaque qui console des doutes ou qui invite à adhérer au bonheur d'exister, comme fit André Frénaud (1907-1993). **Emmanuel Hocquard** (né en 1940) est dans ce sillage néo-lyrique. Influencé par l'objectivisme américain, il résiste à un subjectivisme et à un surréalisme qui empêchent l'écriture d'adhérer au réel : *Les Élégies* (1990) ; *Un test de solitude* (1998). On trouve une démarche comparable chez **Franck Venaille** (né en 1936), un auteur majeur, avec des accents plus tragiques de mal-aimé : *La Descente de l'Escaut* (1995) ; *Le Tribunal des chevaux* (2000) ; *Chaos* (2006) ; *Ça* (2009). **Jacques Réda** (né en 1929) incarne aussi parfaitement cette tendance durable. Errant dans les banlieues et les campagnes, il y cherche les traces de l'enfance et traque la beauté au sein de la banalité. Ses textes, comme une photographie, sont une saisie, un instantané, révélant l'obsession du temps qui passe, écrits dans une langue nerveuse et rythmée, qui rappelle le jazz dont il est un chroniqueur éclairé. Autre jazzman, **Joël Bastard** (né en 1955) qui vagabonde en Corse (*Casaluna*, 2007) ou dans les monts du Jura (*Le Sentiment du lièvre*, 2010).

La « contre-langue »

L'influence de Paul Celan (1920-1970) reste dominante chez les intellectuels d'aujourd'hui versés en poésie. Celan est marqué par ses origines juives, par les persécutions des siens, par la Shoah, par l'exil. C'est un désespéré, comme le prouvera son suicide (il se jeta dans la Seine à la fin d'avril 1970). Son travail, en allemand puis en français, passe par une déconstruction du langage pour inventer une langue hermétique et délabrée (une « contre-langue », disait-il), d'où émergent l'émotion, le secret, le témoignage de l'intime. Les vers semblent cryptés et fracturés. Cette poésie blanche et minimaliste, à contre-courant du lyrisme habituel, a été prolongée par des poètes comme **André Du Bouchet** (1924-2001), cofondateur en 1967 avec Yves Bonnefoy, Louis-René Des Forêts et Jacques Dupin de la revue *L'Éphémère*. Sa « parole en silence » fait contrepoids à la détresse : *L'Ajour* (1998) ; *Ici en deux* (2011). Ses *Carnets* sont un irremplaçable témoignage sur un homme qui vit en poésie tout en scrutant le monde.

Mais, en captant des lambeaux du discours d'un monde dégradé, le texte poétique court à l'asphyxie ou à un archipel épars, incernable, énigmatique. Ce risque est bien perçu par des créateurs de première qualité, à la fois inventifs et soucieux de ne rien renier. **Michel Deguy** (né en 1930) incarne cette dualité. Rédacteur en chef de la revue *Po&sie*, c'est un intellectuel, philosophe et universitaire, qui collabora à *Critique* et aux *Temps modernes* avant de présider le Collège international de philosophie et la Maison des écrivains. L'écriture très musicale de Michel Deguy mêle une pensée pétrie de profonde culture à de fulgurantes et inouïes concrétions formelles. On retrouve une complexité comparable, notamment par le recours à un système métaphorique intrépide, chez **Jacques Dupin** (né en 1927), admirateur de Miró : *Le Corps clairvoyant, 1963-1982* (1999). Son complice **Jean Frémon** médite l'œuvre des grands plasticiens modernes. De même, **Christian Prigent** (né en 1945), fondateur de la revue *TXT*, est un inventeur, dont la poésie, pour lutter contre la sclérose du « parler faux », se fonde sur une forme ardue et des images crues, la transgression lui semblant le fondement même du désir textuel : *Une élégie* (1983) ; *Écrit au couteau* (1993) ; *L'Âme* (2000). Le truculent **Jean-Pierre Verheggen** (né en 1942) se livre à de suggestives déconstructions, avec une dilection pour le calembour et le détournement : *Ridiculum* *vitæ* (2001) ; *Sodome et Grammaire* (2010). **Denis Roche** (né en 1937), influencé par les techniques de la photographie, semble plus radical encore : son recueil avant-gardiste intitulé *La poésie est inadmissible* (1995) colle des fragments et jongle, de façon incongrue, avec des éléments langagiers hétéroclites.

Un recours pour universitaires ?

Parce que la littérarité se concentre dans le travail poétique, les poètes sont souvent connaisseurs du fait littéraire, des traducteurs par exemple. Tel était le cas de Jean Grosjean (1912-2006), un savant discret et sensible aux questions de spiritualité (il fut prêtre jusqu'en 1950), traducteur inspiré de la Bible et adaptateur du Coran. Figure majeure de la théorisation des questions de poétique, **Henri Meschonnic** (1932-2009), universitaire historien du langage, a lui aussi traduit des passages bibliques et propose une œuvre où « le rythme dit le sujet » : *Voyageurs de la voix* (2005). On pense aussi à **Charles Dobzynski** (né en 1929), rédacteur en chef de la revue *Europe* et traducteur de Rilke ou de Maïakovski : *La Mort, à vif* (2010) ; à **Yves Di Manno** (né en 1954) qui dirige la collection « Poésie » chez Flammarion, spécialiste des poètes américains, comme Ezra Pound ou William Carlos Williams ; à **André Markowicz** (né en 1960), qui a superbement rendu en français la force expressive de Dostoïevski et d'autres écrivains russes majeurs ; à Antoine Emaz (né en 1955), qui rend la parole aux écrasés de la vie ; ou à Magali Thuillier (née en 1972), qui exprime la perte et la séparation, avec une pointe sèche, comme pour contenir l'émotion. **Charles Dantzig** (né à Tarbes en 1961), un critique anglophile et omniscient, est amateur de paradoxes et de formules étincelantes. Comme tous les nostalgiques, c'est un mixeur et un zappeur insatisfait, qui bondit de l'érudition raffinée aux flashes d'une modernité poisseuse, cherchant en vain des ancrages. *Les Nageurs* évoquent un monde de belles surfaces sous lequel on se glisse pour évoluer dans un provisoire mais suave hors-temps.

La voix humaine, toujours recommencée

Même produite par des lecteurs éclairés et cultivés, la poésie reste marquée par ses origines affectives. Elle semble toujours tentée par un retour au lyrisme, notamment chez ceux qui ont trouvé leur vocation dans la fréquentation des grands textes religieux ou littéraires. Car, au bout de toutes les contorsions, ressortent toujours la beauté de la louange, la joie d'épouser les choses de la vie, l'exaltation des sentiments élevés, le bonheur d'être au monde, l'attachement à un terroir. On parle de « nouveau lyrisme ». Il est souvent splendide, comme chez **Jean-Michel Maulpoix** (né en 1952), au génie généreux et attachant, animateur de divers foyers de création. Ses poèmes, centrés sur l'intimité du sujet changeant, sont en quête de ce qui ne se laisse pas saisir : *Une histoire de bleu* (2005) ; *Journal d'un enfant sage* (2010). Cette lumière miroite aussi dans les textes de **James Sacré** (né en 1939), capteur de sensations douces-amères (souvent remémorées de l'enfance) vite happées par le temps, charnelles mais éphémères, consolées par les voyages (notamment au Maghreb), promesse de relations neuves : *Viens, dit quelqu'un* (1996). La clarté devient plus chiche, le paragraphe s'étiole et les choses se fanent chez **Georges-Louis Godeau** (1921-1999), habitant du marais poitevin, attaché à l'humble quotidienneté : *La vie est passée* (2002).

L'émotion textuelle fait parfois écho à l'éblouissement face à un chef-d'œuvre, pictural par exemple, comme dans la poésie de **Bernard Noël** (né en 1930), romancier et essayiste, critique d'art, écrivain abondant, passionné de peinture : *Les Plumes d'Éros* (2010). Une même relation aux arts anime la poésie du sculpteur **Jean-Luc Parant** (né en 1944), qui travaille sur les sphères (yeux, boules) et qui mène une double carrière d'auteur et de plasticien. Bref, la poésie ne se laisse pas cantonner dans la paraphrase perpétuelle et va fréquenter les lieux vivants de la création pour se féconder sans cesse. Elle fait le lien entre toute littérarité et l'immense *work in progress* artistique.

Jean-Michel Maulpoix

« Ne croyez pas que tout ce bleu soit sans douleur. / La mer n'est pas une image naïve épinglée dans la chambre… »

James Sacré

« La maison dans la mémoire est loin comme du foin dans l'ouverture tiède de la grange… »

Alain Duault

« À l'heure où la rage nous quitte on compte sur les fleurs Sauvages sur la braise et le miel pour l'absente annoncée…

LES RECUEILS INCONTOURNABLES

Michel Deguy, *À ce qui n'en finit pas. Thrène*, Seuil, 1995.

Jacques Dupin, *Le Corps clairvoyant*, Gallimard, coll. « Poésie », 1999.

Jean-Pierre Lemaire, *L'Intérieur du monde*, Cheyne, 2002.

Bernard Noël, *La Face de silence*, POL, 2002.

Bernard Delvaille, *Œuvre poétique*, La Table ronde, 2006.

Charles Dantzig, *Les Nageurs*, Grasset, 2010.

Alain Duault, *Ce qui reste après l'oubli*, Gallimard NRF, 2010.

Quelques exemples de pistes thématiques

Vous trouverez d'autres propositions de classement par thèmes sur divers sites, tels que :

www.toutelapoesie.com

www.poetica.fr

www.poeme-france.com

et dans :

Max-Paul Fouchet, *Anthologie thématique de la poésie française*, Seghers, 1963.

L'enfance

Pierre de Ronsard

« *Marie, levez-vous, ma jeune paresseuse…* » (sonnet XIX, *Amours de Marie*)

Victor Hugo

« *Mes deux frères et moi, nous étions tout enfants…* » (« Aux Feuillantines », *Les Contemplations*)
« *Elle avait pris ce pli dans son âge enfantin…* » (*Les Contemplations*)
« *Lorsque l'enfant paraît, le cercle de famille…* » (*Les Feuilles d'automne*)

Gérard de Nerval

« *Qu'ils étaient doux ces jours de mon enfance…* » (« L'enfance »)

Charles Baudelaire

« *Dis-moi, ton cœur parfois s'envole-t-il, Agathe…* » (« Moesta et errabunda », *Les Fleurs du mal*)

Arthur Rimbaud

« On n'est pas sérieux quand on a dix-sept ans... » (« Roman »)
« Oisive jeunesse à tout asservie, Par délicatesse j'ai perdu ma vie... »
(« Chanson de la plus haute tour », *Illuminations*)

Francis Jammes

« La jeune fille est blanche / elle a des veines vertes... » (« La jeune fille »)

Jacques Prévert

« Il dit non avec la tête mais il dit oui avec le cœur... » (« Le cancre », *Paroles*)

Maurice Fombeure

« Sur la route couleur de sable, en capuchon noir et pointu... » (« Les écoliers »)

René Guy Cadou

« Odeur des pluies de mon enfance » (« Automne », *Les Amis d'enfance*)

La nostalgie

Rutebeuf

« Que sont mes amis devenus... » (*Poèmes de l'infortune*)

Charles d'Orléans

« Pourquoi m'as-tu vendu, Jeunesse... » (*Ballades*)
« En regardant vers le pays de France... » (*Ballades*)

Joachim Du Bellay

« Las, où est maintenant ce mépris de Fortune... » (*Les Regrets*)

Antoine de Bertin

« Ô tristesse, ô regrets, ô jours de mon enfance... » (« Adieux à une terre
familiale que les revers de fortune ont forcé à vendre »)

Pierre Corneille

« *Marquise si mon visage…* » (« Stances à Marquise »)

Alphonse de Lamartine

« *Mon cœur, lassé de tout même de l'espérance…* » (« Le vallon »,
Méditations poétiques)

Alfred de Musset

« *J'espérais bien pleurer, mais je croyais souffrir…* » (« Souvenir »)

Victor Hugo

« *Vieux lierres, frais gazons…* » (« Écrit sur le tombeau d'un petit enfant au
bord de la mer* », *Les Rayons et les Ombres*)

Gérard de Nerval

« *Je pense à toi, Myrtho, divine enchanteresse…* » (« Myrtho », *Les Chimères*)

Charles Baudelaire

« *Mère des souvenirs, maîtresse des maîtresses…* » (« Le balcon », *Les Fleurs
du mal*)

Paul Verlaine

« *Souvenir, souvenir, que me veux-tu…* » (« Nevermore », *Poèmes
saturniens*)
« *Dans le vieux parc solitaire et glacé…* » (« Colloque sentimental », *Fêtes
galantes*)
« *Ayant poussé la porte étroite qui chancelle…* » (« Après trois ans »,
Poèmes saturniens)
« *Le ciel est par-dessus le toit…* » (*Sagesse*)

Paul-Jean Toulet

« *Dans Arles, où sont les Aliscams…* » (« En Arles », *Chansons*)

Jacques Prévert

« Rappelle-toi, Barbara… » (« Barbara », *Paroles*)

Louis Aragon

« Ô mois des floraisons mois des métamorphoses… » (« Les lilas et les roses », *Le Crève-Cœur*)

Raymond Queneau

« Si tu t'imagines, si tu t'imagines, fillette, fillette… » (*L'Instant fatal*)

Le bonheur d'aimer

Clément Marot

« Tant que vivrai en âge florissant… » (chanson XII, *L'Adolescence clémentine*)

Maurice Scève

« En toi je vis, où que tu sois absente… » (*Délie*)
« Le jour passé de ta douce présence… » (*Délie*)

Louise Labé

« Baise m'encor, rebaise-moi et baise… » (sonnet XVIII)
« Ô beaux yeux bruns, ô regards détournés… » (sonnet II)

Pierre de Ronsard

« Mignonne, allons voir si la rose… » (*Odes*)

Théophile de Viau

« Quand tu me vois baiser tes bras, que tu poses nus sur tes draps… » (« Stances »)

André Chénier

« Fanny, l'heureux mortel… » (« À Fanny », *Élégies*)

Charles Leconte de Lisle

« Les roses d'Ispahan dans leur gaine de mousse… » (*Poèmes tragiques*)

Francis Carco

« Il pleut – c'est merveilleux. Je t'aime… » (« Il pleut », *Poésies*)

Guillaume Apollinaire

« Je t'écris, ô mon Lou, de la hutte en roseaux… » (*Poèmes à Lou*)

Paul Valéry

« Tes pas, enfants de mon silence… » (« Les pas », *Charmes*)

Paul Éluard

« La courbe de tes yeux fait le tour de mon cœur… » (*Capitale de la douleur*)

Louis Aragon

« Tes yeux sont si profonds qu'en m'y penchant pour boire… » (*Les Yeux d'Elsa*)

La passion malheureuse

Louise Labé

« Je vis, je meurs, je me brûle et me noie… » (sonnet VIII)

Théodore Agrippa d'Aubigné

« Ne lisez pas ces vers, si mieux vous n'aimez lire… » (« Complainte à sa dame », *Stances*)

Pierre de Marbeuf

« Et l'amour et la mer ont l'amer pour partage… »

Étienne Durand

« Geler dedans les feux et brûler dans la glace… »

Jean Racine

« Pour jamais ! Ah ! Seigneur, songez-vous en vous-même… » (*Bérénice*, IV, 5)
« Ah ! cruel, tu m'as trop entendue… » (*Phèdre*, II, 5)

Alfred de Musset

« J'ai dit à mon cœur, à mon faible cœur… » (« Chanson »)
« J'espérais bien pleurer, mais je croyais souffrir… » (« Souvenir »)
« J'ai perdu ma force et ma vie… » (« Tristesse »)

Stéphane Mallarmé

« Je ne viens pas ce soir vaincre ton corps, ô bête… » (« Angoisse »)

Jules Laforgue

« Oh ! qu'une, d'Elle-même, un beau soir, sût venir… » (« Figurez-vous un peu »)

Paul Verlaine

« Comme la voix d'un mort qui chanterait / Du fond de sa fosse… » (« Sérénade », *Poèmes saturniens*)

Félix Arvers

« Mon âme a son secret, ma vie a son mystère… » (*Mes heures perdues*)

Guillaume Apollinaire

« Sous le pont Mirabeau coule la Seine… » (*Alcools*)

Robert Desnos

« J'ai tant rêvé de toi que tu perds ta réalité… » (*Corps et biens*)

Louis Aragon

« Il n'y a pas d'amour heureux… » (*La Diane française*)
« C'était au beau milieu de notre tragédie… » (« Elsa au miroir », *La Diane française*)

Lieux élus et présences choisies

Rémy Belleau

« C'était une belle brune / Filant au clair de la lune… » (« La pierre aqueuse », *Les Pierres précieuses*)

François Maynard

« Que j'aime ces forêts ! Que j'y vis doucement… » (*Sonnets*)

Jacques Delille

« Loin des champs trop unis, des monts trop inégaux… » (*Les Jardins*)

Victor Hugo

« C'est le moment crépusculaire… » (*Les Chansons des rues et des bois*)

Alfred de Vigny

« Qu'elle était belle, ma frégate… » (« La frégate *La Sérieuse*, ou La plainte du capitaine », *Poèmes antiques et modernes*)
« J'aime le son du cor, le soir au fond des bois… » (« Le cor », *Poèmes antiques et modernes*)

Gérard de Nerval

« Il est un air pour qui je donnerais… » (« Fantaisie », *Odelettes*)

Théophile Gautier

« J'aime d'un fol amour les monts fiers et sublimes… » (« Dans la sierra »,
Espana)

Charles Leconte de Lisle

« Midi, roi des étés, épandu sur la plaine… » (« Midi », *Les Trophées*)

Charles Baudelaire

« La nature est un temple où de vivants piliers… » (« Correspondances »,
Les Fleurs du mal)

Paul Verlaine

« Votre âme est un paysage choisi… » (« Clair de lune », *Fêtes galantes*)

Francis Jammes

« Quand verrai-je des îles où furent des parents… » (*De l'Angélus de l'aube
à l'Angélus du soir*)

Pierre Reverdy

« Il y a un terrible gris de poussière dans le temps… » (« Chemin
tournant », *Sources du vent*)

Jules Supervielle

« C'est beau d'avoir élu / Domicile vivant / Et de loger temps / Dans un
cœur continu… » (« Hommage à la vie »)
« Il vous naît un poisson qui se met à tourner… » (« Les amis inconnus »)

Francis Ponge

Le Parti pris des choses : tout le recueil (par exemple : « L'huître »,
« L'orange », « Le pain »)

Yves Bonnefoy

« Le feu hantait nos jours et les accomplissait… » (« Le bel été »)

Philippe Jaccottet

À la lumière d'hiver

L'ailleurs et l'errance

Joachim Du Bellay

« Si notre vie est moins qu'une journée… » (*L'Olive*)

Alfred de Vigny

« Si ton cœur gémissant du poids de notre vie… » (« La maison du berger »,
Les Destinées)

Victor Hugo

Les Orientales : « Adieux de l'hôtesse arabe »

Charles Leconte de Lisle :

Poèmes barbares : tous, par exemple « La Vérandah »

Théodore de Banville

Les Princesses : tous, par exemple « Hérodiade »

Charles Baudelaire

« J'ai longtemps habité sous de vastes portiques… » (« La vie antérieure »,
Les Fleurs du mal)
« Mon enfant, ma sœur, songe à la douceur… » (« L'invitation au voyage »,
Les Fleurs du mal)

Arthur Rimbaud

« *Par les soirs bleus d'été, j'irai par les sentiers…* » (« Sensation »)
« *Je m'en allais, les poings dans mes poches crevées…* » (« Ma bohème »)

Stéphane Mallarmé

« *La chair est triste, hélas ! et j'ai lu tous les livres…* » (« Brise marine »)

Jean de La Ville de Mirmont

« *Vaisseaux, nous vous aurons aimés en pure perte…* » (L'Horizon chimérique)

Victor Segalen

« *Des lointains, si lointains, j'accours, ami vers toi…* » (Stèles)

Saint-John Perse

Anabase, par exemple : « *Mon cheval arrêté sous l'arbre plein de tourterelles…* »

Le temps qui passe et la mort

François Villon

« *Frères humains qui après nous vivez…* » (La Ballade des pendus)

Joachim Du Bellay

Antiquités de Rome, par exemple : « *Nouveau venu qui cherches Rome en Rome…* »

Pierre de Ronsard

« *Comme on voit sur la branche, au mois de mai, la rose…* » (Amours)

Jean de Sponde

« *Tout s'enfle contre moi, tout m'assaut, tout me tente…* » (sonnet XII)
« *Mais si faut-il mourir…* » (Méditations)

Philippe Desportes

« Icare est chut ici, le jeune audacieux… » (*Les Amours d'Hippolyte*)

Théodore Agrippa d'Aubigné

« Tout cela qui sent l'homme à mourir me convie… » (*Stances*)

François de Malherbe

« Ta douleur, Du Périer, sera donc éternelle… » (« Consolation à M. Du Périer »)

André Chénier

« Pleurez, doux alcyons… » (« La jeune Tarentine », *Bucoliques*)

Alphonse de Lamartine

« Ainsi, toujours poussés vers de nouveaux rivages… » (« Le lac », *Méditations poétiques*)

Alfred de Musset

« Mes chers amis, quand je mourrai… » (« Lucie »)

Victor Hugo

« Demain dès l'aube… » (*Les Contemplations*)
« Maintenant que Paris, ses pavés et ses marbres… » (« À Villequier », *Les Contemplations*)

Charles Baudelaire

« Lorsque tu dormiras, ma belle ténébreuse… » (« Remords posthume », *Les Fleurs du mal*)

Anna de Noailles

« Ainsi les jours ont fui sans que mes yeux les comptent… » (*Les Vivants et les Morts*)

François Coppée

« *Dans le faubourg qui monte au cimetière…* » (« Épitaphe »)

Yves Bonnefoy

« *Je nommerai désert ce château que tu fus…* » (« Vrai nom », *Du mouvement et de l'immobilité de Douve*)

Le destin et l'impossible échappée

Jean de La Fontaine

« La mort et le bûcheron »

Alphonse de Lamartine

« *Souvent sur la montagne, à l'ombre du vieux chêne…* » (« L'isolement », *Méditations poétiques*)
« *Voilà les feuilles sans sève / Qui tombent sur le gazon…* » (« Pensée des morts », *Harmonies poétiques et religieuses*)

Victor Hugo

« *Je vis cette faucheuse, elle était dans son champ…* » (« Mors », *Les Contemplations*)

Charles Baudelaire

« *Ma jeunesse ne fut qu'un ténébreux orage…* » (« L'ennemi », *Les Fleurs du mal*)
« *Horloge ! dieu sinistre, effrayant, impassible…* » (« L'horloge », *Les Fleurs du mal*)
« *Qui aimes-tu le mieux, homme énigmatique, dis…* » (« L'étranger », *Petits Poèmes en prose*)

Théophile Gautier

« *C'était une âme neuve, une âme de créole…* » (« Une âme »)

Jules Laforgue

« L'Homme et sa compagne sont serfs / De corps, tourbillonnants cloaques… » (« Complainte du pauvre corps humain », *Les Complaintes*)

François Coppée

« S'il est vrai que ce monde est pour l'homme un exil… » (« Vie antérieure », *L'Exilée*)

Guillaume Apollinaire

« Et le soir vient et les lys meurent… » (« Allons plus vite »)

Henri de Régnier

« Je n'emporte avec moi, sur la mer, sans retour… » (« Le départ », *Les Médailles d'argile*)

Louis Aragon

« Rien n'est précaire comme vivre / Rien comme être n'est passager… » (« J'arrive où je suis étranger », *La Diane française*)

Pierre Emmanuel

« J'ai vu sur terre la gangrène des charniers… » (*Mémento des vivants*)

Théories
du genre poétique

Un genre qui a ses lois

Dès l'Antiquité, on a associé la poésie à un irrationnel, à l'enthousiasme, à la voyance, à la déviance. Barthes parlera même de « meurtre » du langage. Mais ne soyons pas dupes de ces excès et commençons par cette évidence : la poésie est un genre littéraire. Elle obéit donc à des règles que le lecteur perçoit d'emblée, dès qu'il en ouvre une page, d'autant qu'un poème cherche toujours à se démarquer du discours en prose, même visuellement. Le discours poétique est un *système* où tout, du phonème à la syntaxe, s'organise pour faire effet. Comme le dit Valéry : « La poésie est l'ambition d'un discours qui soit chargé de plus de sens, et mêlé de plus de musique, que le langage ordinaire n'en porte et n'en peut porter[1]. » Cet écart (par rapport à l'usage habituel de la langue) est sa marque la plus constante. Dans l'immense majorité des cas, cette différence se signale par la versification, même si les auteurs modernes, depuis Baudelaire, parlent de « poème en prose » ou s'amusent à bricoler des formes bizarres. La poésie produit des vers ; cependant tous les vers ne sont pas forcément poésie. Mais le succès de la poésie tient à une autre raison, plus psychologique : elle met en scène des sensations que l'on suppose vécues (amour, solitude, espérance, angoisse…) avec lesquelles le lecteur sympathise ou dans lesquelles il reconnaît, à tel ou tel moment de sa vie, ses propres sentiments. Cet aspect autobiographique est probablement une illusion, car le poète est surtout un fabricateur (c'est le sens étymologique du mot, issu du verbe grec *poïen*, « faire »). Il cherche, grâce à un agencement spécial et musical de la langue, à provoquer une émotion chez autrui, et non à imiter celle qu'il aurait ressentie. Il n'empêche, la tendance habituelle du lecteur est de s'incarner dans l'auteur, d'y chercher une complicité ou de lui emprunter ses trouvailles.

---

1. *Variété*, 1, 1924 : « Passage de Verlaine ».

En même temps, comme tout genre littéraire, la poésie a sa propre histoire : elle évolue de façon continue, allant d'écho en écho, car les poètes sont des littérateurs, voire des intellectuels. Ils s'imitent, se citent ou dialoguent à travers les âges, comme Victor Hugo commençant sa carrière en se promettant d'« être Chateaubriand ou rien ». Toute l'histoire littéraire est ponctuée de manifestes successifs, où de jeunes créateurs, généralement très cultivés, bousculent les anciens, en prétendant remodeler la langue poétique et libérer un imaginaire nouveau. À la Renaissance, par exemple, dans la *Défense et illustration de la langue française*, Joachim Du Bellay rassemble les idées du moment : faire de la langue française « barbare et vulgaire » une langue raffinée et expressive, suffisamment enrichie et précise pour devenir une langue de référence et d'enseignement. Mais la novation n'est pas si radicale. Comme toute la Renaissance, Du Bellay se réclame des Anciens et s'en nourrit : on parlera même d'« innutrition » pour désigner ce retour aux sources antiques, nutritives et fertiles. Ensuite, au début du XVIIᵉ siècle, Malherbe codifie ce qui deviendra le classicisme, en disciplinant les formes, pour se démarquer du maniérisme et du baroque des décennies précédentes. Puis, pendant le Siècle des lumières, la poésie cède le pas aux philosophes et aux raisonneurs, mais pas longtemps. De façon souterraine, la sensibilité s'exprime partout, notamment dans les romans par lettres ou dans le drame larmoyant. Diderot va plus loin : il fait l'éloge d'une poésie qui refléterait les élans collectifs, les débordements émotifs et l'enthousiasme[1], tandis qu'arrive d'Angleterre et d'Allemagne une nouvelle mode, valorisant le rêve et l'utopie. L'âme (*Geist*) et ses profondeurs vont prendre le pas sur l'esprit (*Witz*) et ses brillances.

Ainsi se prépare le grand siècle de la poésie, le XIXᵉ. Il commence avec l'emphase ostentatoire de la jeune mouvance romantique (avec notamment Chateaubriand, puis Lamartine, Hugo, Vigny et Musset) qui croit tout réinventer en « mettant un bonnet rouge au dictionnaire ». Il se poursuit avec une réaction contre ces excès de sensiblerie et de vanité, des auteurs comme Théophile Gautier défendant une forme apurée, celle de l'« art pour l'art ». Ce va-et-vient permettra à Baudelaire de réaliser une synthèse de ces deux tendances, tout en promouvant un art qu'il appelle

---

1. « Quand verra-t-on naître des poètes ? Ce sera après les temps de désastres et de grands malheurs, lorsque les peuples harassés commenceront à respirer. Alors les imaginations, ébranlées par des spectacles terribles, peindront des choses inconnues à ceux qui n'en ont pas été les témoins. » Dans *De la poésie dramatique*, chap. 18 « Des mœurs », 1758.

« moderne », faute de mieux. Vient ensuite la nébuleuse symboliste, qui se tourne vers des raffinements compliqués et vers une musicalité subtile, celle de Verlaine en particulier. Arrivé là, on semble avoir fait le tour des choses. Il faut donc transgresser encore, faire rendre gorge au langage pour dire et toucher autrement. Rimbaud est le grand passeur vers cette altérité. Après lui, les provocations vont bon train, de Lautréamont aux surréalistes. La tendance générale sera de séparer les mots que l'on manipule de toute signification préalable, laissant le hasard des bricolages et des incongruités créer la surprise ou l'inouï. On peut considérer que tout a été tenté pour faire neuf et pour résister à l'usure des expressions esthétiques. La poésie, disions-nous, est un écart par rapport à la norme, mais cette norme est elle-même évolutive, si bien que le poète ne cesse de se démarquer, comme à jets continus, au risque de se perdre.

Une chaîne de rebonds ininterrompue

Il en résulte que la poésie française, sous diverses formes, n'a jamais cessé de se manifester par une grande vitalité, voire par une forme de nervosité. D'abord parce que, pendant longtemps, tout ce qui avait une ambition artistique, en littérature, devait être écrit en vers. Lorsque l'on survole l'histoire, on aperçoit la masse indigeste de cette production « quantifiable », si l'on ose dire. Au XVIIᵉ siècle, la prose est même réputée vulgaire, « du dernier bourgeois », au point que le roman naissant est alors regardé avec mépris. Les genres nobles (notamment la tragédie) supposent la versification. Au XVIIIᵉ siècle, cette tradition n'est nullement éteinte et Voltaire comptait sur ses œuvres poétiques, ses cinquante-deux tragédies en particulier, pour passer à la postérité[1]. Il aurait été bien surpris d'apprendre que son immortalité viendrait surtout de ses contes, tel son *Candide*, paru en 1759, qu'il considérait comme une « coïonnade » (*sic*). Les romantiques tentèrent même de remettre au goût du jour des épopées versifiées, ingrates à lire aujourd'hui (comme le *Jocelyn* de Lamartine).

Mais gardons-nous pourtant de confondre versification et poésie – ou abondance et pertinence. Car les vers, les versets ou la poésie en prose

---

1. Les pièces de Voltaire, aujourd'hui oubliées, eurent un retentissement considérable au XVIIIᵉ siècle. La première représentation d'*Œdipe*, par exemple, le 18 novembre 1718, fut un prodigieux succès : on joua la pièce quarante-cinq fois consécutives devant un public enthousiaste.

nous touchent seulement s'ils sonnent juste et si nous y sentons la voix d'une humanité, d'une présence, d'une vie. On peut aller voir une pièce de théâtre et ne rien savoir du dramaturge : quel spectateur s'intéresse vraiment à la biographie de Corneille ? On peut être pris par un roman sans éprouver le besoin de connaître son auteur, au point que Flaubert en fit même une condition et un principe[1]. Mais il n'est guère possible d'entrer en poésie sans être pris par l'illusion de communier avec un être, ou du moins sans entrer en harmonie avec l'émoi qu'il produit ou avec l'appel qu'il suscite. Sans sympathie, la réception du poème échoue souvent. Voilà pourquoi les auteurs insistent sur leur désir de communiquer, tout en dénonçant l'inaptitude du langage usuel et routinier à exprimer l'essentiel, cet obstacle ne pouvant être dépassé par l'effort du lecteur (« mon semblable, mon frère », dit Baudelaire) pour accepter un partage.

Les auteurs les plus connus, ceux que l'on étudie dans les classes et qui laissent une trace dans notre mémoire, illustrent un destin, incarnent une posture. L'enseignement, jusqu'à récemment (pensons aux *Lagarde et Michard*), se fondait sur cette relation autobiographique, chaque poème étant relié à ce qui était censé l'avoir engendré, tel ou tel événement vécu par l'auteur. Un fatras anecdotique semblait le préalable à la compréhension du texte. L'amateur pensait donc, bon gré mal gré, que ce soit fiction ou non, à la pauvreté de Rutebeuf ; au gibet de Villon ; à l'insolence de Marot ; à l'exil de Du Bellay malade ; au dépit amoureux de Ronsard vieillissant ; au désir charnel de Louise Labé ; au jansénisme trahi par l'arrivisme chez Racine ; à la guillotine qui menace Chénier ; à la passion déçue de Lamartine ou à celle, plus amère, de Musset ; au travail de deuil de Victor Hugo après la noyade de Léopoldine ; à la déprime et au malaise œdipien de Baudelaire ; au revolver qui va séparer Verlaine et Rimbaud ; au bras amputé de Cendrars ; à la mélancolie d'Apollinaire, fils abandonné, amant trompé, soldat trépané ; à la quête de Saint-John Perse dans les landes du vaste monde ; au veuvage d'Éluard ; aux yeux d'Elsa ; à Desnos ou à Max Jacob déportés ; à la voix de Kathleen Ferrier louée par Yves Bonnefoy ; à la Provence résistante de Char… Soit. On rappellera simplement que bien des personnalités excellentes ont traversé les mêmes épreuves sans devenir poètes pour autant.

---

1. Flaubert écrit à Louise Colet, le 16 janvier 1852 : « Ce qui me semble beau, ce que je voudrais faire, c'est un livre sur rien, un livre sans attache extérieure, qui se tiendrait de lui-même par la force interne de son style, comme la terre sans être soutenue se tient en l'air, un livre qui n'aurait presque pas de sujet ou du moins où le sujet serait presque invisible. »

Toujours est-il que le poème crée cette fiction d'établir un *contact* entre écrivain et lecteur. Pour nous, lecteurs, la chaîne des grands poètes se déroule, dans le temps, accrochée à des reliefs de vie. Tout vit, « tout parle » car « tout est plein d'âme », comme dit Victor Hugo dans ses *Contemplations* :

> *« Dieu n'a pas fait un bruit sans y mêler le Verbe.*
>
> *Tout, comme toi, gémit ou chante comme moi.*
>
> *Tout parle. Et maintenant, homme, sais-tu pourquoi*
>
> *Tout parle ? Écoute bien. C'est que vents, ondes, flammes,*
>
> *Arbres, roseaux, rochers, tout vit ! Tout est plein d'âmes* [1]. *»*

Ce système d'empathie se décèle dès les origines. Rutebeuf (avant 1230 – vers 1285), le premier de nos grands poètes, instaure d'emblée cette mise en scène de soi et cette connivence à la fois personnelle et de portée universelle. Il crée une sorte de triple tradition : a) celle de la plainte ironique, de l'autodérision, du malheur d'être né, masquée en pirouette et en gaillardise (annonçant Marot, parfois Ronsard, Musset ou même Breton) ; b) celle du verbe moralisateur et satirique, le poète en sécession se posant en porte-voix ou en écho sonore (annonçant Du Bellay, d'Aubigné, Vigny, Hugo, Baudelaire) ; c) celle du lyrisme pur, élégiaque et musical, la poésie se faisant métamorphose et consolation de la trivialité ou de la douleur du réel (annonçant Villon, Verlaine, Apollinaire).

Mais on ne peut s'en tenir à ce seul échange affectif. Réduire l'acte poétique à l'accident biographique qui l'a éveillé empêche d'examiner le texte lui-même. Il serait dommage que le plaisir de lire la poésie se résume à une simple adhésion avec une intimité supposée, même si Hugo tranche : « La poésie, c'est ce qu'il y a d'intime dans tout. » L'œuvre produit de l'émotion plus qu'elle n'en est le reflet. Et le travail de l'auteur demande évidemment un recul par rapport à ce qu'il sent. Il est absurde de croire que le poème puisse être le pur produit d'un moment ou d'un état d'âme, malgré les emballements romantiques [2]. L'aventure de la poésie est l'aventure du texte, non de l'auteur.

---

1. *Les Contemplations, Au bord de l'infini*, VI, 26 : « Ce que dit la Bouche d'ombre ».
2. Pensons au transport d'Alfred de Musset *À son ami Édouard B.* : « Ah ! Frappe-toi le cœur, c'est là qu'est le génie. / C'est là qu'est la pitié, la souffrance et l'amour. / C'est là qu'est le rocher du désert de la vie, / D'où les flots d'harmonie, / Quand Moïse viendra, jailliront quelque jour. »

Redisons-le : le lecteur n'en est pas persuadé. Il désire un émoi et croit à juste titre que c'est là l'essentiel de ce qui est attendu d'un poème. La poésie française a suivi – et sciemment à la Renaissance ou dans les années 1820 – le principe platonicien selon lequel l'art poétique, passionné, visionnaire et exalté, s'oppose à la rhétorique, froide, raisonneuse et impersonnelle [1]. Dès le XIIe siècle, Bernard de Ventadour (né en 1125) place le secret de son art dans la vérité de l'émotion amoureuse et dans son expression mimétique, le troubadour s'abandonnant sans réserve au sentiment, voluptueux et dolent, et produisant par ses mélodies une chronique du vécu amoureux. L'inspiration elle-même, si discutée dans son essence comme dans ses formes, trouve sa source dans un appel émotif, dans une « vocation ». L'inspiration est surtout aspiration, émanation d'une sensibilité, refus du réel ordinaire, désir d'insolite et de rupture, appel à un ailleurs. Les poètes donnent à cette impulsion intérieure des noms divers, la *Muse*, par exemple, terme que Musset réactive dans ses *Nuits*. Ils la déguisent sous des images : les Muses dansantes et nocturnes de Du Bellay [2] ; la voyance du poète mage selon Hugo [3] ; les analogies cachées et les « correspondances » chères à Baudelaire [4] ; le « long et raisonné dérèglement de tous les sens » proposé par Rimbaud [5] ; l'éclectisme des choses étonnantes ou imprévisibles pour Apollinaire [6] ; l'inconscient ou le choc des coïncidences insolites pour les surréalistes [7] ; l'alcool ou la drogue, etc. Il s'agit toujours de contourner le réel et de se consoler. Qui chante son mal l'enchante.

---

1. « Car le poète est chose légère, ailée, sacrée, et il ne peut créer avant de sentir l'inspiration, d'être hors de lui et de perdre l'usage de sa raison. Tant qu'il n'a pas reçu ce don divin, tout homme est incapable de faire des vers et de rendre des oracles », dit Platon dans *Ion*.
2. *Regrets*, sonnet 6 : « Et les Muses de moi comme étranges s'enfuient. »
3. *Les Contemplations*, VI, 23 : « Les mages » (« Pourquoi donc faites-vous des prêtres / Quand vous en avez parmi vous ? », etc.).
4. « Correspondances » est le quatrième poème des *Fleurs du mal*. Dans « L'albatros » et « Élévation », Baudelaire évoque les deux mondes parallèles : celui de « l'azur » (« l'idéal », le céleste) et celui des sensations humaines. Il analyse ensuite comment faire communiquer ces deux mondes, par des analogies ou des synesthésies : tel est le rôle du poète, « déchiffreur de symboles ».
5. Lettre du 15 mai 1871 à Paul Demeny : « Le poète se fait voyant par un long, immense et raisonné dérèglement de tous les sens. »
6. Voir, par exemple, ses poèmes « J'émerveille » et « Toujours » (« Perdre, mais vraiment perdre pour laisser place à la trouvaille »). Et sa conférence de 1917 sur *L'Esprit nouveau et les poètes* : « L'esprit nouveau est également dans la surprise. C'est ce qu'il y a en lui de plus vivant et de plus neuf. La surprise est le plus grand ressort nouveau. »
7. Dès le premier *Manifeste du surréalisme*, publié en 1924, André Breton propose de faire de l'inconscient le matériau du créateur, en se fondant notamment sur le rêve, l'hypnose, l'écriture automatique ou le « hasard objectif ».

Vivre et écrire : l'émotion ne suffit pas

Puisque aucun élan émotif, à lui seul, ne *rédige* un texte, la poésie, sous nos yeux, se manifeste comme fabrication verbale. Elle aligne ses rimes. Elle est style et exécution, « fille de sa forme », pour reprendre la formule de Paul Valéry. « Toute la passion du monde, tous les incidents, même les plus émouvants, d'une existence sont incapables du moindre beau vers[1]. » Les poètes français ne se réduisent pas à des vaticinateurs, « déversant de furie tout ce qui leur vient en la bouche », comme dirait Montaigne[2]. Ils savent que l'inspiration, si elle existe, ne vaut que canalisée. Ils n'ignorent pas l'*Art poétique* d'Horace, qui comparait le poète au gymnaste : « Pour atteindre à la course le but désiré, on s'astreint dès l'enfance aux fatigues et à la peine, on brave le chaud et le froid, on s'abstient de l'amour et du vin[3]. » Même les écoles poétiques qui font l'éloge de la « fureur » ou de l'« enthousiasme » (au sens étymologique : « être ivre du divin »), comme le fit la Pléiade, défendent aussi l'artisanat et le polissage. Du Bellay, dans la *Défense et illustration de la langue française*, l'exprime sans ambages : « Qui veut voler par les mains et bouches des hommes doit longuement demeurer en sa chambre ; et qui désire vivre en la mémoire de la postérité doit, comme mort en soi-même, suer et trembler maintes fois[4]. » L'imagination et l'émoi doivent se transmuer en beauté et en clarté, avant le silence, selon le précieux conseil de René Char : « Dis ce que le feu hésite à dire. Soleil de l'air, clarté qui ose, et meurs de l'avoir dit pour tous[5]. » Même les préceptes technicistes de Malherbe ne font que systématiser une telle évidence. Boileau a tort de s'ébahir et de supposer une rupture historique (« Enfin, Malherbe vint… ») : le classicisme, en voulant épurer les scories langagières et les facilités nonchalantes, prolonge l'art ciselé de Ronsard et de ses disciples. Il prône l'adéquation du mot et de la chose, car « ce qui se conçoit bien s'énonce clairement ». Malherbe refuse une poésie travestie en prophétie née des brumes et du mystère mais il aspire, comme tout auteur, à l'harmonie. Sa recherche de la beauté plastique ne résulte pas d'une impersonnalité ou d'une désincarnation. La preuve

---

1. Valéry, *Villon et Verlaine*, 1937.
2. *Essais*, I, 3 : « Le poète assis sur le trépied des Muses, verse de furie tout ce qui lui vient en la bouche, comme la gargouille d'une fontaine, sans le ruminer et peser. »
3. Horace (65-8 av. J.-C.), *Épître aux Pisons*, v. 411-415.
4. Chapitre II, 3.
5. Dans *Fureur et Mystère*, Œuvres complètes, Bibliothèque de la Pléiade, p. 243.

en est que les rares poèmes de Malherbe qui ont su atteindre à jamais le cœur du grand public sont ceux où il se met en scène personnellement et où il évoque une douleur humaine, tels le sonnet « Beauté, mon beau souci[1]… » ou les stances de la *Consolation à M. Du Périer*[2]. Pour le reste, Boileau a beau tempêter dans son *Art poétique*, en 1614, contre la fantaisie, et imposer une doctrine du « goût » imitée des Anciens (supposant vraisemblance, bienséance et règles dictées par la raison), il a cessé d'être lu hors du cadre universitaire. Le grand législateur du classicisme est ignoré du lecteur classique ordinaire, même si Théophile Gautier, Mallarmé, Valéry et quelques autres, deux et trois siècles plus tard, pourront se réclamer de lui, privilégiant une création hyperconsciente et la fabrication d'un joyau musical, un « aboli bibelot d'inanité sonore[3] ». Et qu'importe le laboratoire pourvu que le résultat fasse son petit effet.

Le poète reste donc un grand utilisateur des figures de style : les figures *d'insistance* (accumulations, parallélismes ou anaphores) ; les figures *d'opposition* (chiasme ou oxymore) ; les *ruptures* de construction (ellipse, discontinu, anacoluthe) ; et, plus encore, les diverses *substitutions* (comparaison, métaphore, métonymie). Toute poésie est construction. Mais, ce principe admis, nous voici à nouveau au point de départ. Car on aura beau entasser toutes les figures possibles, on aura pu écrire un texte indigeste ou niais. C'est toujours à la source qu'il nous faut remonter, à l'être qui a éprouvé le besoin d'entrer en poésie. On se souvient de la question-critère posée par Rainer Maria Rilke dans ses *Lettres à un jeune poète* : « Mourriez-vous s'il vous était interdit d'écrire[4] ? »

Prenons donc un exemple : choisissons l'auteur dont l'œuvre poétique est la plus largement connue et encore lue aujourd'hui : Baudelaire.

---

1. « Beauté, mon beau souci, de qui l'âme incertaine / A, comme l'Océan, son flux et son reflux, / Pensez de vous résoudre à soulager ma peine, / Ou je me vais résoudre à ne le souffrir plus. »

2. « Ta douleur, Du Périer, sera donc éternelle, / Et les tristes discours / Que te met en l'esprit l'amitié paternelle / L'augmenteront toujours ! / Le malheur de ta fille au tombeau descendue / Par un commun trépas / Est-ce quelque dédale, où ta raison perdue / Ne se retrouve pas ? […] Mais elle était du monde où les plus belles choses / Ont le pire destin, / Et rose elle a vécu ce que vivent les roses, / L'espace d'un matin. »

3. Stéphane Mallarmé : vers 7 de « Ses purs ongles très haut dédiant leur onyx… ».

4. Dans la lettre du 17 février 1903 : « Personne ne peut vous apporter conseil ou aide, personne. Il n'est qu'un seul chemin. Entrez en vous-même, cherchez le besoin qui vous fait écrire : examinez s'il pousse ses racines au plus profond de votre cœur. Confessez-vous à vous-même : mourriez-vous s'il vous était défendu d'écrire ? Creusez en vous-même vers la plus profonde réponse. »

Ce génie offre l'avantage, par ailleurs, d'avoir beaucoup réfléchi aux vocations de l'artiste. En lisant Baudelaire, on perçoit d'emblée, comme le montra Sartre[1], qu'il est venu à la poésie par une insurrection, dans la recherche d'une compensation à la laideur du réel, avec un désir de consolation à la déception des choses. Critique d'art, Baudelaire voit la poésie dans toute forme d'art, parlant de Goya, de Delacroix ou de Wagner comme de « poètes », qu'il intitule ses « phares[2] », se démarquant du réalisme littéraire ambiant comme de l'impersonnalité parnassienne – encore que *Les Fleurs du mal* soient dédiées à Théophile Gautier[3]. Pour lui, la poésie est une posture de la négation, de l'insoumission. Il prétend y refléter un refus de la conformité, de l'utilitarisme, des canons esthétiques établis. Il se sent évincé par les autres formes littéraires plus sociables (théâtre, roman) et moins sacrées. À ses yeux, le poète est habité par un potentiel libérateur et mû par une intransigeance qui lui fait préférer à toute convenance l'*insolite* et le *bizarre* : « Le beau est toujours bizarre[4]. » Non qu'il invite à délirer, mais parce qu'il tente de déceler, sous les apparences banales, tout ce qui peut déclencher le rêve et l'imagination, fût-ce « le langage des fleurs et des choses muettes » : « Tu m'as donné ta boue et j'en ai fait de l'or[5]. » Cette mutation conduit forcément à expérimenter des transgressions, thématiques, rythmiques, prosodiques, harmoniques ou verbales. La poésie, nostalgique de la mythique beauté idéale, jaillit du « cœur mis à nu[6] », et elle cherche l'alchimie où l'être et le dire ne font plus qu'un. Les grandes œuvres résultent d'un art de vivre et d'écrire à l'unisson.

---

1. Jean-Paul Sartre, *Baudelaire*, 1947 : « C'est au sein du monde établi que Baudelaire affirme sa singularité. Le révolté a soin de maintenir intact les abus dont il souffre pour pouvoir se révolter contre eux. »
2. Dans son poème « Les phares » (*Spleen et Idéal*), il loue notamment Rubens, Rembrandt, Michel-Ange, Léonard de Vinci, Watteau, Goya et Delacroix.
3. « Au Poète impeccable, au parfait magicien ès lettres françaises, à mon très-cher et très-vénéré maître et ami Théophile Gautier, avec les sentiments de la plus profonde humilité, je dédie ces fleurs maladives. »
4. *Salon* de 1859 : « Le beau est toujours bizarre. Je ne veux pas dire qu'il soit volontairement, froidement bizarre, car dans ce cas il serait un monstre sorti des rails de la vie. Je dis qu'il contient toujours un peu de bizarrerie, de bizarrerie non voulue, inconsciente, et que c'est cette bizarrerie qui le fait être particulièrement le Beau. »
5. Il s'agit de l'épilogue des *Fleurs du mal* : « Ô vous, soyez témoins que j'ai fait mon devoir / Comme un parfait chimiste et comme une âme sainte. / Car j'ai de chaque chose extrait la quintessence, / Tu m'as donné ta boue et j'en ai fait de l'or. »
6. *Mon cœur mis à nu* est le titre de son journal intime, publication posthume de 1887. Il commence ainsi : « De la vaporisation et de la centralisation du *Moi*. Tout est là. »

Le lieu des contradictions

Cette unité est difficile, la poésie résultant de tensions contradictoires – sinon pourquoi sortir du langage explicite, uni et commun ? Dès l'origine, la posture du poète se divise dans une double aspiration : d'un côté, elle célèbre l'éveil, l'attente et le départ ; de l'autre, la mélancolie et la remémoration. Cette dualité est déjà inscrite dans le mythe d'Orphée, sorte de scène primitive de la poésie occidentale : Orphée descend aux Enfers pour ramener Eurydice à la lumière de la vie ; son chant envoûtant séduit les juges infernaux qui lui permettent de reconduire son épouse parmi les vivants, à la condition qu'il ne se retourne pas tant qu'Eurydice n'aura pas revu la lumière du soleil. Or, impatient, Orphée se retourne trop tôt, pour vérifier que sa compagne le suit. Ainsi reste-t-il veuf à jamais, errant et éploré, pour avoir marché vers la clarté embarrassé des ombres du passé. On retiendra cependant ce mythe fondateur, qui signale les pouvoirs de la poésie sur les créatures et qui présente le discours du poète comme une aventure mentale ou spirituelle, une plongée initiatique au fond du langage.

Ces antinomies traversent l'histoire du genre. Le poète exprime parfois une rébellion blasphématoire, une passion énervée et furieuse, comme dans *Les Tragiques* d'Agrippa d'Aubigné ou dans *Les Chants de Maldoror* de Lautréamont. Il peut se lancer dans une « voyance » déroutante, comme dans les cauchemars baroques de la fin du XVIe siècle ou comme dans les déconstructions du Rimbaud d'*Une saison en enfer* ou des *Illuminations* – qui furent, pour Claudel, « l'événement capital[1] ». Mais c'est marginal ou provisoire. Le plus souvent, la poésie se fonde au contraire sur une sorte de réconciliation : un bercement consolateur, une respiration de l'esprit, une ondulation où l'homme se coule dans le rythme des choses ou attend une sensation apaisante, un refuge et un ancrage : pensons à Charles d'Orléans[2],

---

1. Claudel décrit sa conversion dans *Contacts et Circonstances* (dans ses *Œuvres en prose*) : « La première lueur de vérité me fut donnée par la rencontre des livres d'un grand poète, à qui je dois une éternelle reconnaissance, et qui a eu dans la formation de ma pensée une part prépondérante, Arthur Rimbaud. La lecture des *Illuminations*, puis, quelques mois après, d'*Une saison en enfer*, fut pour moi un événement capital. Pour la première fois, ces livres ouvraient une fissure dans mon bagne matérialiste et me donnaient l'impression vivante et presque physique du surnaturel. »
2. Il faut dire que son exil en captivité dura vingt-cinq ans, de 1415 à 1440.

à Chénier[1], à Lamartine[2], à Verlaine[3], à Éluard[4]. Cette harmonie peut devenir symphonique et grandiose, comme chez Claudel ou chez Saint-John Perse, ou litanie immense et procession, comme chez Péguy.

Cette recherche de musicalité finit par négliger la signification, comme si beauté sonore suffisait, indépendamment de toute éloquence explicite. Le poète s'enivre d'un langage sophistiqué et inouï. Il y cherche un remède à l'impureté triviale de l'existence. Il finit par y croire. Il se met à y déceler le sens caché des choses, comme dans les rituels magiques. Le lecteur y voit un bijou, une perfection et y cherche la clé de quelque mystère. Les dizains ésotériques de Maurice Scève et les sophistications de Mallarmé, par exemple, font le bonheur des commentateurs professionnels, la secte des gloseurs. La parole est censée refléter une solitude qui a perçu un essentiel, la quête d'un incompris qui sait seul une vérité perdue, comme le pressentait Rousseau dans ses *Rêveries d'un promeneur solitaire*[5]. Mallarmé refuse les présences ordinaires, qui souillent et abaissent. Pour lui, dire la chose, c'est en évoquer le désir, le regret ou l'absence. Nommant la fleur, le poème convoque « l'absente de tous bouquets[6] ».

On voit bien les risques de cette tendance, conduite à une préciosité irritante ou à une virtuosité qui s'épuise et tourne à l'énigme. Mais, même dans ces excès, le poème prétend toujours rester mimétique de ce qui l'inspire. Il dit l'être, il peint la chose : « *ut pictura poesis*[7] ». Marmontel, poète estimé en son temps, résume ainsi[8] : « La poésie est une peinture qui parle ou, si l'on veut, un langage qui peint. » Les réactions contre les abusives sophistications d'esthètes, il y en eut dans toute notre histoire

---

1. Voyez par exemple « Ô délices d'amour » : « Doux et cruels tyrans, brillantes héroïnes, / Femmes, de ma mémoire habitantes divines, / Fantômes enchanteurs, cessez de m'égarer. / Ô mon cœur ! ô mes sens ! Laissez-moi respirer / Laissez-moi dans la paix et l'ombre solitaire. »
2. Ses titres parlent d'eux-mêmes : « Consolation », « Élégie », « Recueillement », « L'isolement », « La retraite », « Le soir », « Le vallon », « La vigne et la maison », etc.
3. C'est certainement chez Verlaine que cette attente sensuelle est la plus perceptible : voyez par exemple son poème « Sensation ». Il écrit à Mallarmé, à propos de la publication des *Poèmes saturniens* : « J'espère que vous y reconnaîtrez un effort vers la sensation rendue. »
4. « On rêve sur un poème comme on rêve sur un être […] Tout est au poète objet à sensations et, par conséquent, à sentiments », écrit Éluard dans *L'Évidence poétique*.
5. Elles débutent ainsi : « Me voici donc seul sur la terre, n'ayant plus de frère, de prochain, d'ami, de société que moi-même. »
6. Dans son « Avant-dire » au *Traité du verbe*, 1886 : « Je dis : une fleur ! et, hors de l'oubli où ma voix relègue aucun contour, en tant que quelque chose d'autre que les calice sus, musicalement se lève, idée même et suave, l'absente de tous bouquets. »
7. « La poésie est quasi une peinture » : Horace, *Art poétique*, v. 361.
8. Dans *Éléments de littérature*, 1787.

poétique. On les trouvait déjà chez Villon, qui transgressa d'emblée en versifiant en argot, en néologismes, en « jargon des coquillards[1] ». Car il s'agit toujours de renouer avec plus de simplicité et avec une sensation plus forte ou plus naïve. La mélancolie se teinte alors, souvent, d'humour ou d'autodérision, pour éviter que le poème ne « colle » plus à la parole qui l'émet, ou qu'il devienne informe et aphone, en ayant trop d'aplomb. C'est au point que les poètes français ont souvent une sorte de complexe face aux arts plastiques, plus immédiatement capables d'impressionner. Blaise Cendrars ou Apollinaire sont si épatés par le cubisme ou par Robert Delaunay qu'ils renoncent à la ponctuation, déplient les couleurs, déploient les impulsions rythmiques, brisent les lignes et entrechoquent les images. Mais là encore, ils n'innovent pas complètement : le dialogue entre la peinture et la poésie est de toute éternité, comme le démontrent les *Salons* de Diderot ou de Baudelaire, après les *blasons* ou les *visions* de la Renaissance. La tendance baroque, en littérature, est en soi une tentative pour restituer par le langage une plasticité, un décorum et une animation, propres à la peinture ou à la sculpture.

Le désir et l'illusion du lecteur

Qu'importe, d'ailleurs, puisque c'est le lecteur qui fait advenir un texte au statut de poème. La musique des mots ou l'intensité des sentiments exposés ne sauraient suffire sans la connivence ou le partage. Raymond Queneau et ses amis de l'Oulipo*[2], voire les désopilants Jean Tardieu ou René de Obaldia, ont assez moqué les effets verbaux trop perceptibles et les ostentations affectées, où le texte prétend tellement être reconnu comme poétique qu'il en est ridicule, devenant non un objet de communion mais de dérision. On sait bien, depuis Roman Jakobson ou Umberto Eco[3], que l'effet d'un poème se juge au mystère

---

1. Ces brigands organisés en société secrète sévirent en Bourgogne entre 1440 et 1455, date de leur procès à Dijon. Ils avaient recours à un jargon que François Villon, qui semble les avoir fréquentés, utilisa.
2. Voici la recette de Queneau, dans son introduction à l'*Oulipo* : « Prenez un mot, prenez-en deux / faites cuire comme des œufs / prenez un petit bout de sens / puis un grand morceau d'innocence / faites chauffer à petit feu / au petit feu de la technique / versez la sauce énigmatique / saupoudrez de quelques étoiles / poivrez et puis mettez les voiles / Où voulez-vous donc en venir ? à écrire ? »
3. Dans *L'Œuvre ouverte*, publiée au Seuil en 1965, Umberto Eco définit l'œuvre d'art comme « un message fondamentalement ambigu, une pluralité de signifiés qui coexistent en un seul signifiant », ce qui nécessite « une réception créatrice » et bannit toute lecture de consommation ou toute passivité du lecteur.

de sa perception. D'où des surprises, comme ce sonnet de l'obscur Félix Arvers (« Ma vie a son secret, mon âme a son mystère… »), immédiatement et définitivement reçu comme un chef-d'œuvre sans que rien ne puisse vraiment expliquer, objectivement, une telle réussite. Gérard de Nerval allait plus loin : « Mes poèmes perdraient de leur charme à être expliqués, si la chose était possible[1]. » Et il ne suffit pas d'entasser des ingrédients réputés « poétiques » (orage, exil, douleur, désir…) dans un texte pour qu'il trouve l'agrément du lecteur en attente de poésie.

C'est que le poème, comme la photo, est toujours un fragment qui oblige le regard à s'arrêter, comme aux aguets, attentif et sensible. Il ne dispose pas de la continuité, logique et discursive, du roman ou du cinéma, des enchaînements événementiels ou historiques. Ses moyens sont plus modestes, car il tente de happer un moment, une fixité, une vérité essentielle, un esprit, un état d'âme, un sujet. Le temps y suspend son vol. On peut traduire ou résumer un roman ou une pièce de théâtre, alors que le poème est une totalité esthétique intouchable, que l'on ne saurait manipuler. C'est au point que l'on a parfois l'impression qu'il n'a été écrit que pour être appris par cœur et pour nous accompagner, tel un talisman, toute notre vie. Le prosateur-narrateur ne rêve que de réalisme et de véridique (« *all is true* », voulait Balzac[2]) et il espère la plus large audience sociale. Le poète se situe hors du temps (« *anywhere out of the world* », répond Baudelaire[3]) et il n'attend qu'un simple lecteur, solitaire, « un semblable, un frère[4] ». Car son message est ambigu, exagérant les fonctions habituelles du langage, notamment les fonctions expressive, émotive, « conative » (l'art de faire pression sur le destinataire) ou « métalinguistique » (déformation, citation et

---

1. Dans la dédicace à Alexandre Dumas qui ouvre son recueil *Les Filles du feu*, en 1854, Nerval écrit : « Et puisque vous avez eu l'imprudence de citer un des sonnets composés dans cet état de rêverie super-naturaliste, comme diraient les Allemands, il faut que vous les entendiez tous. Ils ne sont guère plus obscurs que la métaphysique de Hegel ou les *Mémorables* de Swedenborg, et perdraient de leur charme à être expliqués, si la chose était possible, concédez-moi du moins le mérite de l'expression. »
2. Dans la préface du *Père Goriot* : « Ah ! Sachez-le : ce drame n'est ni une fiction, ni un roman. *All is true*, il est si véritable, que chacun peut en reconnaître les éléments chez soi, dans son cœur peut-être. » Stendhal pensait de même : « Le roman est un miroir qu'on promène au bord de la route. »
3. Titre d'un poème en prose dans *Le Spleen de Paris* : « Cette vie est un hôpital où chaque malade est possédé du désir de changer de lit… »
4. « Au lecteur », premier poème des *Fleurs du mal*, se termine ainsi : « C'est l'Ennui ! – l'œil chargé d'un pleur involontaire, / Il rêve d'échafauds en fumant son houka. / Tu le connais, lecteur, ce monstre délicat, / Hypocrite lecteur, – mon semblable, – mon frère ! »

commentaire) : on fait dire aux mots ce qu'ils ne disent pas naturellement. Les linguistes voient la poésie comme un énoncé centré sur la
forme, sur le *signifiant*, dans une démarche réflexive. Elle ne se définit
donc pas par les thèmes particuliers qu'elle convoque mais par sa manipulation du signifiant pour qu'il démultiplie le signifié.

Des principes fondateurs récurrents et inépuisables

On dira donc que le poème se caractérise par son fonctionnement
« autotélique » : il se prend lui-même pour fin et attire notre attention
sur les moyens de communication qu'il emploie. Cette valorisation
du signifiant se manifeste de diverses façons : disposition spatiale et
visuelle de la page, discontinuité structurelle, redondances sonores,
parallélismes, flux métaphoriques et répétitions, calligrammes[1],
versets ou prose rythmée, raccourcis elliptiques[2]. La poésie prétend
ainsi nous dégager de la routine. En faisant appel à nos sens, grâce à
diverses métaphores, elle nous fait percevoir des formes, des couleurs,
des bruits, des sensations, des surfaces, des matières. Elle recycle les sté-
réotypes. Elle ranime des impressions oubliées ou insoupçonnées. On
parle parfois du « pouvoir » de la poésie (dont les publicistes se servent
encore) : c'est reconnaître à quel point elle peut exciter notre attention
paresseuse ou blasée et fixer, par des formules stimulantes, des images
qui nous touchent et qui resteront dans notre mémoire.

Mais cette particularité langagière du genre ne réinvente pas tout, tout
le temps. Sa volonté de se distinguer n'empêche pas que l'on puisse en
cerner les principes générateurs et spécifiques qui ne sont pas seulement formels. On peut identifier de quoi elle nous parle et comment
elle nous touche.

Régression enfantine

D'abord, « l'enfant étant le père de l'homme », comme dit William
Wordsworth[3], le poète tente toujours, confusément ou explicite-

---

1. Apollinaire ou Reverdy en ont réussi de très beaux. Voir aussi Mallarmé : *Un coup de dé jamais n'abolira le hasard.*
2. Un modèle du genre est fourni par le haïku japonais (trois vers de cinq, sept et cinq syl-labes), imité notamment par Éluard, cf. p. 151.
3. Ce poète anglais (1770-1850) est l'auteur, avec Coleridge, des *Ballades lyriques*, qui mar-quèrent la naissance du romantisme en Angleterre.

ment, d'atteindre et de rendre sensible un « en deçà » de la raison. La poésie réanime des impressions enfouies et réveille des émotions, car elle cherche à ressaisir l'univers par la sensation, l'intuition et la sensualité. D'où le privilège accordé à l'état d'*enfant* (l'*infans* est, littéralement, celui « qui ne parle pas encore »), vu comme source créatrice et véridique, avant que l'homme ne soit apte à formuler ou à analyser le monde de manière rationnelle et, surtout, à mentir grâce au trafic des mots maîtrisés. L'enfant amplifie ce qu'il perçoit, dans la joie comme dans l'angoisse, et sa connaissance est sensorielle, principe de plaisir et de magie. Dans son *Essai sur l'origine des langues*, Rousseau rappelle que les premières langues furent poétiques, émotives, mimétiques, en prise directe avec la vérité. La civilisation du discours et de l'écriture a rompu ensuite avec cette innocence, avec cette « transparence », permettant les tricheries diverses ou les calculs du langage raisonné. Ainsi, la poésie est volontiers nostalgie, « vert paradis des amours enfantines[1] » ; elle convoque le passé (« Que sont mes amis devenus[2] ? », « Les dames du temps jadis[3] », « Où sont ces doux plaisirs[4]... »). Elle aimerait conjurer la fuite du temps, lieu commun de mille poésies, et, comme naturellement, ses rythmes s'apparentent alors aux ritournelles et berceuses enfantines.

Plaisir d'amour, chagrin d'amour

Croisement de tous les moments où vibre la sensibilité, l'amour aussi est, on s'en doute, le sujet le plus constant de toute poésie. Ce poncif aide à réaliser des variations sur tous les états où nous sortons de nous-mêmes, quelque nom que l'on leur donne : désir, tendresse, extase, mysticisme, passion. L'effervescence conjointe du sentiment et de l'écriture se donne alors libre cours, comme dans les grands moments de la tragédie racinienne, entre fureur (*Phèdre*) et élégie (*Bérénice*). Les Anciens comparaient strictement l'état amoureux au dépassement mystique ou à la possession qu'implique l'inspiration poétique. Ils en parlaient même comme d'une « ivresse », autre moyen de lever les œillères du rationnel, de briser l'habitude, d'amplifier les vibrations intérieures, de libérer la censure de la conscience, de s'émerveiller. Aussi Baudelaire

---

1. Baudelaire, « Moesta et errabunda », poème LXII des *Fleurs du mal*.
2. Rutebeuf.
3. Villon.
4. Du Bellay : « Las, où est maintenant ce mépris de Fortune ? »

en fait-il un précepte : « Il faut être toujours ivre[1]. » Le conseil est symbolique, même s'il n'a pas manqué d'être entendu au sens propre par nombre de nos grands poètes, on le sait. On trouve dans notre histoire littéraire une sorte de poésie de l'ivresse, depuis les chansons à boire du XIIe siècle jusqu'aux odes rhénanes d'Apollinaire[2], avant les drogues de moindre innocuité chères à la plupart des surréalistes et à Michaux[3].

« Vivants piliers » : les présences

Mais les stimulants factices de la sensibilité peuvent la détruire ou l'égarer. Le rêve artificiel finit par dégénérer. Plus simplement, il suffit au poète la force des présences ou des objets (« le langage des fleurs et des choses muettes[4] ») pour exciter l'acuité de ses sens. Du vaste panorama naturel qui émeut (selon la tradition romantique née des lakistes anglais[5] ou du *Sturm und Drang* allemand[6]) au simple caillou qui fascine (comme dans *Le Parti pris des choses* de Ponge), tout « fait signe » au poète : à la pierre précieuse qui obsède déjà Rémi Belleau[7] ou Pontus de Tyard, durant la Renaissance, répondent, quatre siècles plus tard, les *Primevères*[8] et la louange des éléments primordiaux (pain, eau, fruit, cruche) chez Francis Jammes ; la nuit et le cloître de Reverdy ; la pampa de Supervielle ; les déserts et les îles battues par les vents de Saint-John Perse ; les feuilles mortes de Prévert ; la Méditerranée de Valéry ; les menhirs de Guillevic ; les silex de Char ; la lumière qui tremble chez Bonnefoy ; le verger de Jaccottet… L'énumération serait infinie. Ce

---

1. « Enivrez-vous », dans les *Petits Poèmes en prose* (33) : « Il faut être toujours ivre. Tout est là : c'est l'unique question. Pour ne pas sentir l'horrible fardeau du Temps qui brise vos épaules et vous penche vers la terre, il faut vous enivrer sans trêve… »
2. « Nuit rhénane » : « Mon verre est plein d'un vin trembleur comme une flamme… »
3. Voir *Misérable miracle – La mescaline* avec quarante-huit dessins et documents manuscrits de l'auteur, Gallimard, 1991.
4. Dans « Élévation » de Baudelaire.
5. Le mot « lakiste », formé à partir de l'anglais *lake*, désigne des poètes anglais de la fin du XVIIIe siècle et du début du XIXe siècle. Les trois plus célèbres poètes de ce mouvement furent William Wordsworth, Samuel-Taylor Coleridge, Robert Southey : ils publièrent, en 1798, un recueil collectif anonyme de *Ballades lyriques* qui contient entre autres le chef-d'œuvre de Coleridge, *La Ballade du vieux marin*.
6. *Sturm und Drang* (« tempête et élan ») est un mouvement à la fois politique et littéraire allemand de la seconde moitié du XVIIIe siècle Il s'insurge contre le rationalisme dominant, prônant la supériorité des sentiments, de la passion et des émotions exaltées.
7. Ronsard faisait grand cas de Belleau et rédigea son épitaphe en ces termes : « Ne taillez, mains industrieuses / Des pierres pour couvrir Belleau, / Lui-même a bâti son tombeau / Dedans ses Pierres Précieuses ».
8. Francis Jammes, *Le Deuil des primevères*, 1898-1900.

que l'on nomme des thèmes récurrents (le nocturne, la forêt, l'onde qui passe, les nuées, etc.) n'est que des repères et balises où la méditation se fixe et s'épanouit. La poésie est un « vouloir-dire », quand même elle ne sait quoi, et elle a besoin des choses de la vie pour ricocher et prendre son élan. Comme le dit Nerval (dans son sonnet intitulé « Vers dorés ») : « Un pur esprit s'accroît sous l'écorce des pierres. »

L'imagination en action

Après les choses viennent les images. Pour déjouer le rationalisme usuel du langage, le poète doit donner libre cours à son imaginaire, en créant des rapprochements inattendus ou stupéfiants, quitte à obliger l'esprit à des dérapages. La surprise (dont Cocteau, après Apollinaire, faisait le principe de toute poésie) atteint ainsi un double impact : elle donne à voir le monde sous un jour neuf et stimulant ; elle invite le lecteur à imaginer à son tour. Les esprits chagrins se sont beaucoup moqués de ces métaphores et de ces collages, aléatoires et absurdes à leurs yeux. Ils y voient le risque du n'importe quoi, de la gratuité, donc de la vacuité. Ils feignent d'ignorer, comme on l'a dit plus haut, que la poésie est contact. Est poésie ce qui rend poète, pour paraphraser Éluard. Car l'image est un langage qui, comme le rêve, peut et doit être interprété. Les images du poète sont celles qui hantent l'humanité. Elles disent ou révèlent nos manques, nos obsessions, nos fantasmes, nos projections. En les insérant dans les structures du langage, le poète « fixe des vertiges », selon le mot de Rimbaud[1]. Il oblige l'indicible, le flou, l'inexprimable à s'incarner dans les mots et dans divers signifiants : rythmes, allitération et assonances, répétitions, disposition de la page, ordonnance des séquences et des strophes, dimension du vers ou du verset, structure voire illustration du recueil, etc. Que l'on pense aux *Calligrammes* d'Apollinaire ou aux dessins primitifs de Michaux[2]. Un vers, sec et lapidaire, presque nu, peut ouvrir un champ immense à l'imagination, comme le sentent Éluard qui imite les *haïkaï* japonais[3] ou René Char qui réécrit des aphorismes

---

1. Dans *Alchimie du verbe* : « inventer la couleur des voyelles [...], écrire des silences, des nuits, noter l'inexprimable, fixer des vertiges ».
2. Ses recueils sont souvent accompagnés de dessins à la plume qui rappellent des formes primitives.
3. *Pour vivre ici, onze haïkaï*, publié en 1920. Un *haïku*, des *haïkaï* : forme fixe de dix-sept syllabes réparties sur trois vers (5/7/5) qui doit concentrer l'essentiel de ce que ressent le poète face au spectacle de la nature.

présocratiques[1]. Car un poème sec et lapidaire, quasi nu, donne à percevoir un vide qui est encore une figuration, celle d'un néant ou d'une aphasie. Apollinaire écrit un poème d'un vers (un *monostiche*) : « Et l'unique cordeau des trompettes marines. »

Les catégories de l'imaginaire

En ce sens, il n'y a pas d'hermétisme en poésie, mais seulement des lecteurs désarçonnés par le recours à l'imaginaire, qui englobe le sujet et la forme. On peut d'ailleurs classer les catégories de cette imagination, développées en autant de systèmes métaphoriques. On trouvera notamment les sensuels (l'image olfactive de Baudelaire, visuelle de Hugo, auditive de Verlaine, par exemple) ; les esthètes (l'image fixe de Ponge par opposition au souffle dynamique de Saint-John Perse) ; les « sublimes », selon le vocable utilisé dans les catégories classiques de la beauté (Sponde, Lamartine ou Nerval), face aux « grotesques » (Laforgue, Cros et Corbière, les « zutistes[2] » ou les dadaïstes). Cette phénoménologie a été systématisée par Gaston Bachelard (1884-1962) qui classa les créateurs selon les catégories matérielles dont relève leur imaginaire : l'eau qui rêve, le feu attirance-répulsion, la terre qui manifeste la volonté, etc.

La course à la différence

En jouant sur les images et sur les mots, la poésie se signale comme un écart face à la norme et à la prose d'usage courant. Et la langue étant elle-même en perpétuelle évolution, la poésie semble même n'avoir cessé de se démarquer plus nettement, ce qui explique en grande partie la difficulté que l'on éprouve à lire certains poètes contemporains. Intransitif, le texte poétique se replie sur lui-même (le mot *versus* vient de là) et impose des coupures métriques ou lexicales que la syntaxe ou la grammaire habituelles n'exigent pas. Gide ironisait : « La poésie consiste à asser à la ligne avant la fin d'une phrase. » En réalité, en séparant la grammaire du discours, le poème renverse le monde conceptuel normal et il se prend lui-même pour fin. Les linguistes parlent de la « négativité » de la poésie, en ce sens qu'elle viole les codes

1. La plupart sont rassemblés dans le livre de Marie-Claude Char, *Pays de René Char*, Flammarion, 2007.
2. Groupe de poètes qui se réunissait fin 1871 pour se moquer des autres. Leur *Album zutique* accumule parodies et grivoiseries.

usuels et préfère la déviance, l'allusion, la « connotation » (alors que le discours courant préfère la « dénotation »). Or, comme tout interdit, cette révolte du langage est source de plaisir et d'aventure. « Les mots font l'école buissonnière », comme dit Prévert. Toute entrée en poésie est ludique, non seulement parce que l'on y fait des jongleries musicales avec des mots ou des séquences, mais, plus encore, parce que l'on a définitivement droit à l'ambiguïté et à divers dédoublements. On est sorti du tout ou rien. Tout est possible, tout est aventure. Rien d'étonnant si la plus ancienne métaphore de la création poétique est celle du voyage, du départ, de l'embarquement, de l'errance. Bateau ivre, Transsibérien[1] ou anabase[2], le poème rompt les amarres : « Ô ! Que ma quille éclate, Ô ! Que j'aille à la mer[3] ! »

Stade oral prolongé

Dans cette quête du plaisir, l'ivresse des mots est essentielle. Puisqu'elle est originellement orale, la poésie exploite les ressources de la voix, de la parole et du chant. Le lyrisme, avant d'être une mise en scène du moi, n'est rien d'autre que cette insistance sonore, visant à suggérer des sentiments et des sensations. Qu'il se contente de souligner des timbres (assonance) et des consonnes (allitération), ou qu'il aille jusqu'à inventer des mots (comme Laforgue, Desnos ou Michaux), le poème est une partition. Mais le poète veut surtout renouer avec les rythmes primitifs : celui de la respiration, des battements du cœur (Claudel a longuement théorisé sur cette percussion[4]), de la marche (« Demain, dès l'aube… »), des forces de la nature (la pluie ou le vent, chers à Saint-John Perse), de la ville (Carco, Verhaeren), de la marée (Valéry)… Il peut aussi laisser de la place au silence. Aussi la poésie et la chanson entretiennent-elles des rapports étroits : la connivence des poètes et des compositeurs est originelle (des aèdes grecs aux troubadours) et se poursuit jusqu'à nos jours : Verlaine et Fauré ou Debussy, Éluard et Poulenc, Claudel et Darius Milhaud, Prévert et Kosma, René Char et Boulez.

---

1. La *Prose du Transsibérien et de la petite Jehanne de France* est un poème écrit par Blaise Cendrars (1887-1961) et illustré par Sonia Delaunay (1885-1979).
2. « Anabase en dix chants et deux chansons », titre (en souvenir de Xénophon) d'un poème de Saint-John Perse (1924) célébrant l'aventure de l'homme, infatigable conquérant. « Anabase » est également le titre d'un poème de Paul Celan, publié en 1963 dans le recueil intitulé *Die Niemandsrose* (*La Rose de personne*).
3. Fin de la strophe 24 du *Bateau ivre* de Rimbaud.
4. Dans *Réflexions sur la poésie*, Gallimard, 1963. Claudel pense que le « rythme fondamental » est l'iambe (une brève, une longue), calqué sur le mouvement cardiaque.

Mémento, lamento

La musique aide la poésie à remplir son rôle de mémento. Depuis la nuit des temps, elle fixe ce qui ne doit pas être oublié dans l'histoire de l'humanité : la légende, l'épopée, les aphorismes antiques, les textes religieux. C'est par le même procédé qu'elle concourt aux apprentissages de l'enfant : les comptines, les alphabets chantés, etc. Les régularités rythmiques et homophoniques de la versification ou des refrains favorisent la reviviscence de la sensation et la force mnémotechnique, comme le chante Léo Ferré : « Longtemps après que les poètes ont disparu, leurs chansons courent encore dans les rues. » L'effet litanique ou incantatoire consiste d'ailleurs à nommer les choses muettes et les êtres absents. Ainsi s'impose un envoûtement obsédant : une parole rythmée chante le mythe et le rend présent. La poésie d'exil (des *Tristes* d'Ovide aux *Regrets* de Du Bellay, de la *Terre d'exil* de Pavese aux *Tristia* d'Ossip Mandelstam en son goulag) tente ainsi l'opération magique de la consolation par la convocation des absents.

De l'incantation

Le *chant* de la poésie, symbolisé dès les origines par la lyre d'Orphée ou la flûte d'Apollon, veut *enchanter*. Ce travail d'envoûtement repose sur les rythmes, le compte des syllabes, les accents et les pauses, la césure et les enjambements, la rime, les reprises de sons (allitérations et assonances), les refrains, les harmonies imitatives. Mais on aura beau classer et aligner des caractéristiques, on ne cernera jamais pourquoi les hommes, depuis toujours et sans relâche, lisent et apprennent par cœur des poèmes. Car sait-on soi-même pourquoi tel texte nous attache, nous obsède et ne nous quitte plus ? Combien de prisonniers ou de désespérés ont raconté que quelques vers, sus par cœur, les ont aidés à tenir, à se sentir habités d'humanité, à supposer un partage universel, à frôler la beauté, à survivre. La fonction poétique exige d'ailleurs cette fraternisation : « insensé qui crois que je ne suis pas toi » (dit Hugo[1]). Sans sympathie, la réception du poème échoue. Aussi les hommes retrouvent-ils naturellement le chemin

---

1. Préface des *Contemplations* : « On se plaint quelquefois des écrivains qui disent moi. Parlez-nous de nous, leur crie-t-on. Hélas ! Quand je vous parle de moi, je vous parle de vous. Comment ne le sentez-vous pas ? Ah ! insensé, qui crois que je ne suis pas toi ! » Et voyez la formule de Baudelaire, citée en note 5, p. 143.

de la poésie quand ils ont à se fondre dans une forme d'unanimité, dans la religion ou dans quelque idéal. Alors s'élève le *Canto general*[1]. En atteste la poésie dite engagée: *Châtiments*[2] ou *Hourra l'Oural*[3], par exemple. Quand l'homme plonge aussi au fond de lui-même, dans la douleur et l'angoisse, ou quand il se sent happé par un élan irrépressible, les mots poétiques lui reviennent au cœur et à la bouche.

Car tout chant d'amour est litanie: de la berceuse, qui ressasse et apaise, au *requiem*, qui tisse ses refrains consolateurs. S'il est un pouvoir de la poésie, c'est bien celui-là: elle offre un refuge et une trouée de lumière. Elle remplit de ses mots le vide, le néant et la mort. Car de ces trous noirs, qui orientent l'essentiel de nos hantises et de nos vies, quel langage, autre que poétique, peut nous parler? Les prophètes et les philosophes frôlent de près la poésie, tous empruntant une même voie vers la connaissance suprême et la vérité. L'*orphisme* gréco-romain, qui a conditionné toute notre conception occidentale du poète, ne dit rien d'autre: l'incantation permet de changer le monde, de dompter les monstres et de revenir vivant du monde des morts. La lyre d'Orphée est garantie de vie, de révélation et d'immortalité. Toutes pensées les plus profondes, tels les aphorismes d'Empédocle, de Hölderlin ou de Nietzsche, sont des sortes d'éclairs trouant les ombres, de fragments poétiques, semences et lumières, questions et promesses.

Figures du poète

Dans la Grèce antique, le poète est un fabricateur (*poïétès*) à qui l'on demande de versifier des éloges ou des célébrations. Mais, dans son enthousiasme, il peut produire des images violentes, des expressions passionnelles, des délires. Aussi Platon souhaitait-il que l'on le chasse de sa cité idéale (*La République*) comme fauteur de troubles potentiel. Cette dualité ne cessera jamais. Le poète est double: un artisan et/ou un gourou. Les latins distinguaient ainsi *poeta*, le «faiseur», de *vates*, le «devin». Et les deux figures premières sont celles des Muses

---

1. Vaste recueil de 342 poèmes de Pablo Neruda, publié en 1981.
2. *Châtiments*, sans article, est un recueil de poèmes satiriques, très hostile à Napoléon III, publié par Victor Hugo pendant son exil, en 1853.
3. *Hourra l'Oural* (1934) est le reflet poétique enthousiaste d'un voyage dans l'Oural effectué en 1932 par Aragon et Elsa Triolet, accompagnés de trois écrivains étrangers et guidés par un syndicaliste soviétique.

autour d'Apollon (l'excellence de savoir et la perfection de l'art dans un domaine particulier, le *signifié*) et d'Orphée (le musicien qui envoûte par ses incantations, le *signifiant*).

On pourrait tenter des classements : le poète artiste, simple ciseleur ou rhéteur habile ; le lyrique, tout en épanchements ; le prophétique, dont le génie déchire les ombres ; l'engagé, dont la voix soutient les combats politiques ou sociaux ; le déconstructeur qui s'active, de tout temps, dans toutes les avant-gardes… Mais les catégories se brisent vite. Le poète, trop impliqué dans son art, est ici et ailleurs. Comme ironise Queneau, un poème est toujours « kekchose » qui est dans la langue et hors d'elle. Chénier tenta de résumer ce flottement par une formule célèbre : « L'art ne fait que des vers, le cœur seul est poète. » Balzac (dans *Séraphita*) compare le poète à un mixte de mystique et de savant, en quête de vérité, de beauté et de béatitude. Cette position ambiguë pousse le poète à la marge, donc au malheur. Les images abondent : pin des Landes saigné, versant ses « divines larmes d'or » (Gautier) ; pélican nourricier dévoré par les siens (Musset) ; albatros abattu que « ses ailes de géant empêchent de marcher » (Baudelaire) ; mage sacré qui tutoie les nuées (Hugo)… Ainsi se prépare la figure du « poète maudit », qui subsiste peu ou prou, car toute poésie reste attachée à un idéal qui restreint son audience.

Mais qu'il improvise dans la fureur de l'inspiration ou qu'il se livre à un artisanat modeste et méticuleux, qu'il soit engagé dans les luttes du monde ou qu'il macère dans sa tour d'ivoire, qu'il aspire aux subtilités et aux grandeurs d'un langage hautain ou qu'il ne rêve que de devenir chanson de rue, il est toujours porteur d'humanité. Il exhibe sa vie pour enrichir la nôtre. Naturellement suspects à tous les totalitarismes, les poètes renaissent (tels Maïakovski en Russie ou Neruda au Chili) dès que reviennent les conformismes et les oppressions, et quand se fait sentir le besoin d'un hymne commun. Ce fut le cas en France pendant les diverses guerres civiles ou pendant la Résistance – et même en Mai 68, quand « les murs eurent la parole ». Le rôle des poètes redevient vital dès qu'un peuple ou un homme a besoin de formules (qu'elles soient *dazibaos*, graffitis ou cantiques) pour s'approprier son histoire, pour ressusciter la légende et éveiller l'idéal. C'est dire que nous aurons encore souvent besoin d'eux, pour créer de nouvelles légendes et accompagner nos destins.

Conseils bibliographiques

La bibliographie des études sur la poésie est infinie et les anthologies sont nombreuses.

Nous suggérons simplement quelques ouvrages utiles et accessibles.

Aquien Michèle, *La Versification*, PUF, coll. « Que sais-je ? », 2009.

Bonnefoy Yves, *Entretiens sur la poésie*, Mercure de France, 1991.

Bourdieu Pierre, *Les Règles de l'art*, Seuil, 1992.

Brunel Pierre, *Mythocritique – Théorie et parcours*, PUF, 1992.

Charpentreau Jacques, *Dictionnaire de la poésie française*, Fayard, 2005.

Cohen Jean, *Structures du langage poétique*, Flammarion, 1966.

Collot Michel, *Anthologie de la poésie française*, Gallimard, Bibliothèque de la Pléiade, 2000.

Darcos Xavier, *Une anthologie historique de la poésie française*, PUF, 2010.

Deguy Michel, *La poésie n'est pas seule*, Seuil, 1987.

Descamps Christian, *Poésie du monde francophone*, Le Castor astral, 1986.

Gide André, *Anthologie de la poésie française*, Gallimard, Bibliothèque de la Pléiade.

Gleize Jean-Marie, *La Poésie. Textes critiques : XIVe-XXe siècle*, Larousse, 1995.

Jarrety Michel (dir.), *Dictionnaire de poésie de Baudelaire à nos jours*, PUF, 2001.

Julliard Suzanne, *Anthologie de la poésie française*, Éditions de Fallois, 2002.

Maulpoix Jean-Michel, *Le Poète perplexe*, José Corti, 2002.

Meschonnic Henri, *Célébrations de la poésie*, Verdier, 2001.

Noël Bernard, *Un certain accent – Anthologie de poésie contemporaine*, L'Atelier des brisants, 2002.

Orizet Jean, *La Poésie française contemporaine*, Le Cherche Midi, 2004.

Orizet Jean, *Anthologie de la poésie française de Villon à Verlaine*, Hachette, Le Livre de poche.

Para Jean-Baptiste, *Anthologie de la poésie française du XXe siècle*, Gallimard, coll. « Poésie »,2000.

Pompidou Georges, *Anthologie de la poésie française*, Hachette, Le Livre de poche.

Pougeoise Michel, *Dictionnaire de poétique*, Belin, 2006.

Prigent Christian, À *quoi bon encore des poètes ?*, POL, 1996.

Rabaté Dominique, *Figures du sujet lyrique*, PUF, 1996.

Revel Jean-François, *Une anthologie de la poésie française*, Robert Laffont, 1984.

Richard Jean-Pierre, *Poésie et profondeur*, Seuil, 1955.

Riffaterre Michael, *Sémiotique de la poésie*, (trad.), Seuil, 1983.

Roubaud Jacques, *Poésie, ménage, etc.*, Stock, 1995.

Sabatier Robert, *Anthologie de la poésie*, Albin Michel, 1988.

Sacré James, *La poésie comment dire ?*, André Dimanche, 1993.

Vaillant Alain, *La Poésie*, Armand Colin, 2008.

Viala Alain, *Naissance de l'écrivain – Sociologie de la littérature à l'âge classique*, Minuit, 1997.

Zumthor Paul, *Introduction à la poésie orale*, Seuil, 1983.

Divers sites sur l'Internet offrent des ressources précieuses, notamment :

« Jean-Michel Maulpoix et Cie » : www.maulpoix.net

Florence Trocmé, « Poezibao » : www.poezibao.typad.com

www.poesie.webnet.fr

www.toutelapoesie.com

Suggestions de livres de chevet, pour prendre goût à la poésie (outre les anthologies) :

Les Regrets, de Joachim Du Bellay. Un livre où le poète, de son propre aveu, a mis « du fiel, du miel et du sel », de l'amertume, de la douceur nostalgique et de la satire.

Les Rayons et les Ombres, de Victor Hugo. Une poésie superbe, qui prend un tour métaphysique, débouchant sur un système de pensée dualiste. L'homme est double, tiraillé entre la matière et l'esprit.

Les Fleurs du mal, de Baudelaire. Une œuvre essentielle, qui servira de référence aux poètes qui suivront. Son esthétique est une combinaison entre romantisme et formalisme.

Capitale de la douleur, de Paul Éluard. L'inspiration du poète repose sur le désir, la fraternité et la passion. Confronté très jeune à la douleur, il se sent frère des combattants et des opprimés.

Hier régnant désert, d'Yves Bonnefoy. Tout en méditant sur la mort, l'auteur célèbre les beautés tremblantes et fragiles d'ici-bas.

Glossaire des notions

A

Acrostiche

Suite de vers dont les premières lettres forment un mot ou une expression lisible verticalement.

Alexandrin

Vers de douze syllabes.

Allégorie

Image, tableau ou récit qui personnifie une abstraction.

Allitération

Répétition d'une même consonne et de plusieurs consommes semblables.

Anacoluthe

Rupture volontaire de l'unité syntaxique (« l'homme sait qu'il meurt et l'avantage que l'univers a sur lui », Pascal).

Analogie

Ressemblance partielle mais éclairante entre deux choses.

Anaphore

Figure de style qui consiste à commencer des vers ou des phrases par les mêmes mots.

Antinomie

Contradiction entre deux termes, deux idées, deux principes.

Antiphrase

Exprimer une idée par son contraire (« Bravo, c'est du joli ! »).

Antithèse

Rapprochement de deux pensées ou deux expressions qui font contraste ou s'opposent.

Antonomase

Nom propre transformé en nom commun (« une poubelle », « un hercule »).

Aphorisme

Pensée ramassée dans un énoncé bref, frappant et singulier.

Apologie

Discours visant à défendre et à louer une personne ou une idée.

Apophonie

Variation vocalique expressive (exemple : « Il pleure dans mon cœur comme il pleut »).

Art nouveau

Mouvement artistique (1890-1915) qui magnifie l'esthétique des lignes courbes.

Art pour art

Théorie selon laquelle l'art ne vise qu'à la beauté formelle, indépendamment de toute autre utilité (cf. p. 71).

Assonance

Répétition de la même voyelle et de la même diphtongue.

Asyndète

Absence de liaison, par suppression des mots coordonnants ; disjonction.

B

Ballade

Une des premières formes fixes, issue du lyrisme courtois, ressuscitée en musique et en poésie au XIXe siècle.

Baroque

Art qui privilégie le mouvement et la fluidité, par opposition au classicisme.

Burlesque

Genre littéraire qui tourne en dérision des œuvres ou des formes réputées sérieuses.

C

Calligramme

Poème dont la structure dessine une forme artistique.

Canson (ou « canso »)

Suite de strophes (« coblas ») dans la poésie lyrique musicale occitane du XIIe siècle.

Césure

Pause métrique ou mélodique dans un vers.

Chanson de geste

Poème épique du Moyen Âge.

Chiasme

Figure de style qui inverse l'ordre des mots pour créer un effet de croisement (« il faut manger pour vivre et non vivre pour manger »).

Classicisme

Forme artistique, inspirée de l'art antique, qui privilégie l'ordre, la règle, la norme, la bienséance.

Connotation

Choix d'un terme qui ajoute une valeur affective, culturelle ou intellectuelle (« destrier » au lieu de « cheval »).

Correspondances (ou « synesthésies »)

Communication entre des sensations d'ordre différent.

Culte du moi

Une des formes de la liberté et de la sensibilité prônée par le romantisme.

D

Dada

Nom du mouvement créé en 1916, fondé sur la révolte contre toute tradition artistique, adepte de l'absurde et des excentricités.

Décadentisme

Mouvement « fin de siècle » (1880-1900) exprimant en littérature une langueur affectée et névrotique.

Décasyllabe

Vers de dix syllabes.

Déconstruction

En poésie, troubler la mesure et les formes versifiées pour créer un effet de rupture.

Dénotation

Le sens propre d'un mot ; la désignation pure et simple d'une chose (par opposition à la connotation).

Dialogisme

Présentation dialoguée d'une idée et, par extension, théorie selon laquelle tout texte littéraire est orienté par ce qui le précède.

Diérèse/synérèse

Quand deux voyelles sont en contact, la diérèse fait entendre deux syllabes (un li-on) ; la synérèse une seule (un lion).

Drame

L'action ou le mouvement et, par extension, un genre théâtral mêlant comédie et tragédie, burlesque et pathétique, défini par Hugo.

E

Élégie

Poème où prédominent des thèmes plaintifs et mélancoliques.

Emphase

Art de renforcer, d'amplifier, d'exagérer une idée ou une formule.

Engagement

Pour un auteur, volonté de servir une cause politique ou une bataille publique.

Enjambement

Rejet au vers suivant d'un mot ou de plusieurs, nécessaires à la compréhension de la phrase syntaxique.

Épique

Registre littéraire de l'épopée, qui permet de célébrer des exploits héroïques, en jouant sur l'amplification et le merveilleux.

Épopée

Long récit poétique d'aventures héroïques.

Esprit nouveau

Apollinaire, en 1912, proposa de nommer ainsi l'avant-gardisme de son temps.

Euphémisme

Exprimer ce qui pourrait déplaire par une formule atténuée, adoucie, indirecte (« il n'est plus » pour « il est mort »).

Euphuisme

École poétique anglaise de la fin du XVIe siècle jouant sur un style précieux et sur une élégance affectée ou savante.

F

Fantastique

Registre littéraire qui joue sur l'ambiguïté, brouillant les frontières entre réel et imaginaire, à l'inverse du merveilleux.

Formalisme

Volonté artistique de privilégier une forme parfaite, de préférence à tout le reste, le fond notamment.

Fragment

Forme littéraire laconique inscrite dans une volontaire discontinuité.

G

Gongorisme

Style précieux, inventé par le poète espagnol Gongora vers 1600, tourmenté et subtil.

Gradation

Disposition des termes pour créer un effet de croissance (« Va, cours, vole et nous venge »).

H

Hémistiche

La moitié d'un vers.

Hermétisme

Vérités cachées que ne peuvent comprendre que des initiés, parfois par le truchement d'un poème.

Hiatus

Juxtaposition et coupure (volontaires en poésie) de deux voyelles.

Homéotéleute

Répétition d'un son ou de plusieurs à la finale de plusieurs mots successifs.

Homonymie

Identité sonore de mots différents (« quand »/« camp »).

Humanisme

Courant culturel qui promeut le développement des qualités propres à l'Humain.

Hypallage

Figure de style où deux termes sont liés par la syntaxe et non par le sens : « un vieil homme en or avec une montre en deuil » (Prévert).

Hyperbate

Ajouter un mot ou une expression après une phrase qui paraissait finie (« Je viendrai. Seul. »).

Hyperbole

Valoriser une idée ou une description par une formule excessive, une expression exagérée, un style intensif.

I

Idéalisme

Doctrine où les formes abstraites et les représentations mentales comptent plus que la réalité matérielle.

Idéologues

Société, fondée par Antoine Destutt de Tracy en 1790, qui promouvait la « science des idées ».

Innutrition

(Terme forgé tardivement.) Façon dont un auteur assimile des modèles anciens pour créer à son tour, à la Renaissance surtout.

Intertextualité

Relation qu'un texte entretient avec d'autres (imitation, allusion, plagiat, parodie, dialogue, etc.).

Ironie

Décalage entre ce que l'on exprime et ce que l'on veut faire entendre.

Italianisme

Usage, style ou mot empruntés à l'Italie, comme fréquemment au XVIe siècle.

L

Lai

Forme fixe, poétique ou narrative, avec stances, apparue au XIIe siècle.

Lettrisme

École qui privilégie la poétique des sons, les onomatopées, la musique des lettres (fondée par Isidore Isou en 1945).

Libertins/libertinage

Mouvement artistique et intellectuel insurgé contre les dogmes moraux, religieux et, éventuellement, sexuels.

Lipogramme

Texte où l'auteur s'interdit l'usage d'une lettre ou d'un mot.

Litote

Faire entendre davantage en exprimant moins (« je ne te hais point » = « je suis folle de toi »).

Littérarité

Caractères qui valent à une œuvre d'être reconnue comme appartenant à la littérature.

Lyonnaise (école)

Cf. p. 31.

Lyrisme

Registre poétique qui exploite l'expression du moi, des sentiments, des émotions, des états d'âme.

M

Merveilleux

Caractère de ce que le lecteur reconnaît comme féerique ou surnaturel (à l'inverse du fantastique).

Métaphore

Figure de comparaison implicite (sans comme) qui désigne une chose, analogiquement, par une autre (« ma jeunesse fut un orage »).

Métaphore filée

Prolongement dans un même texte d'une image développée sous divers aspects.

Métonymie

Remplacer un terme par un autre qui en représente une qualité ou une partie (« une belle plume », « boire un verre »).

Métrique

Ensemble de règles formelles et systématiques qui définissent la poésie (par opposition à la prosodie).

Mythologie

Récits imaginaires et allégoriques, liés à une civilisation, une religion ou une croyance.

N

Narcissisme

Complaisance excessive à soi-même, au pronostic funeste.

Naturalisme

Volonté de peindre la réalité en se fondant sur un travail méticuleux de documentation et sur l'expérimentation.

Négritude

Cf. p. 106.

Néologisme

Terme récemment inventé.

O

Objectivisme

Courant esthétique moderne, supposant l'effacement de l'auteur pour jouer sur les rapports et les agencements entre des énoncés.

Occultisme

Volonté de connaître les propriétés cachées du surnaturel et du mystérieux – voire croyance en leur pouvoir.

Ode

Poème lyrique en strophes, originellement chanté.

Orphisme

Chez les Modernes, croyance en la capacité incantatoire et surnaturelle de la langue poétique.

Oulipo

«Ouvroir de littérature potentielle», groupe fondé par Raymond Queneau (cf. p. 107).

Oxymore (ou oxymoron)

Alliance de deux termes contradictoires («une obscure clarté»), surexploitée en poésie.

P

Pantoum

Suite de quatrains où le deuxième et le quatrième vers de chaque strophe sont repris comme premier et troisième vers de la strophe suivante.

Parallélisme

Disposition symétrique (de mots, de phrases, de vers, d'idées).

Parataxe

Contrairement à la syntaxe, absence de subordination entre les propositions («Pierre, son père, il est riche»).

Parnasse

Cf. p. 72.

Parodie

Façon humoristique de reproduire, en les détournant de diverses manières, les caractéristiques d'une œuvre.

Paronomase

Rapprochement de termes qui se ressemblent mais qui sont de sens différents (« j'ai vu, j'ai vaincu » ; « des mots et des mets »).

Pastiche

Imitation du style d'un auteur, sans esprit de plagiat ou de caricature.

Pathétique

Catégorie littéraire qui met l'accent sur la souffrance des personnage, pour susciter pitié et émotion.

Périphrase

Figure de style qui remplace un mot par sa définition ou par une expression plus longue.

Polysémie

Qualité d'un mot qui peut avoir plusieurs sens différents.

Portrait

En littérature, art de peindre un personnage, entre réalité et fiction ou éloge et satire.

Postmodernisme

Mouvement artistique et intellectuel qui rompt avec les conventions fondées sur l'usage et les idéologies.

Préciosité

Goût du style contourné et brillant, dans la lignée des précieux (cf. p. 49) ; voir aussi « Euphuisme » et « Gongorisme ».

Prétérition

Prétendre passer sous silence ce dont on va cependant parler.

Prosodie

Ensemble des données qui caractérisent la prose (par opposition à la métrique).

Prosopopée

Discours prêté à des objets inanimés ou à des défunts.

Psychocritique

Méthode d'analyse littéraire inspirée par la psychanalyse.

Q

Quatrain

Strophe de quatre vers.

Quintil

Strophe de cinq vers.

R

Réécriture

Toute forme de reprise d'un texte (citation, imitation, translation, adaptation...) ; voir aussi « Intertextualité ».

Rhétorique

Art et technique de la persuasion par le discours.

Rhétoriqueurs (grands)

Cf. p. 27.

Rimes

Plates AA BB CC; croisées ABAB CDCD; embrassées ABBA CDDC; redoublées AAAB CCCB.

Rimes féminines

Terminées par un « e » muet; rimes masculines: toutes les autres.

Rimes pauvres

Reprise d'une voyelle (« battu »/« perdu »); suffisantes: voyelle + consonne (« banal »/« rival »); riches: au moins trois phonèmes.

Romantisme

Courant artistique européen et attitude esthétique qui privilégient l'idéalisme, la passion, le rêve, le romanesque et la sensibilité.

Rondeau

Poème de trois strophes, avec deux rimes et un refrain à la fin des strophes 2 et 3, qui reprend le début du vers 1.

S

Salons

Cercles et sociétés où se retrouvent des auteurs (salons précieux ; cafés littéraires du XVIIIe siècle ; foyers romantiques, etc.).

Satire

Texte qui passe par la moquerie, la raillerie et la dérision, pour critiquer une personne, une idée, une société.

Scolastique

Enseignement de la théologie et de la philosophie au Moyen Âge, puis toute théorisation asservie à l'autorité.

Sextine

Forme poétique composée de six sizains dont les mots en fin de vers restent les mêmes, mais répartis chaque fois dans un ordre différent.

Sizain (ou sixain)

Strophe de six vers.

Spiritualisme

Doctrine selon laquelle l'esprit préexiste à la matière, puis culte des valeurs spirituelles.

Stoïcisme

Doctrine qui prône la vertu et l'impassibilité comme sources du bonheur, puis courage face à l'adversité.

Structuralisme

Méthode qui analyse toute réalité (y compris le texte littéraire) comme un ensemble formel de relations définissables.

Surréalisme

Mouvement littéraire (cf. p. 98) ; art libéré de toute contrainte et de toute logique.

Symbole

Signe, objet ou image qui représente une idée par association, ressemblance ou convention.

Symbolisme

Mouvement littéraire (cf. p. 77) ; art de représenter par des images des émotions ou des croyances.

Synecdoque

Forme de métonymie, la partie pour le tout, la matière pour l'objet (« acheter un feutre », « porter un vison », « un ivoire »).

Synesthésies

Cf. « Correspondances ».

T

Tercet

Strophe de trois vers.

Tragique

Catégorie esthétique et tonalité littéraire dominées par le thème de la fatalité inexorable et du destin écrasant.

Transtextualité

Concept qui recouvre les diverses formes de la mise en relation (avouée ou secrète) d'un texte à un autre.

U

Unanimisme

Cf. p. 90.

Utopie

Pays ou société imaginaire, puis goût de l'impossible ou de l'inaccessible.

Z

Zeugma (ou attelage)

Figure reliant à un même mot deux termes incompatibles ou sans rapport logique (« vêtu de probité candide et de lin blanc »).

Index des noms propres

Table des matières

conception
réalisation
mise en page
pca
44405 Rezé cedex

N° d'éditeur : 4613
Dépôt légal : novembre 2012
Imprimé en Allemagne par BoD

www.ingramcontent.com/pod-product-compliance
Lightning Source LLC
LaVergne TN
LVHW050222060726
842525LV00008B/2881